降落伞上为什么有洞？

藏在外表下的科学 ①

韩国Old Stairs编辑部 著　胡梅丽 等译

电子工业出版社
Publishing House of Electronics Industry
北京·BEIJING

目录

发现隐藏在物品外表下的科学知识！

01 不同种类的鸟为什么嘴的样子不同呢？ 004
02 水珠为什么是球形的？ 007
03 瓶盖为什么做成齿轮状？ 008
04 原子弹爆炸时为什么呈蘑菇状？ 010
05 月亮的形状为什么一直在变？ 012
06 猫的舌头上为什么有突起？ 014
07 拉链为什么长这样？ 016
08 树桩上为什么有许多圆圈？ 018
09 饮料罐为什么是圆柱体的？ 020
10 彩虹为什么是半圆形的？ 022
11 钻石为什么是这种形状？ 024
12 积木娃娃的头上为什么有一个孔？ 029

13 为什么桥的形状各不相同呢？ 030
14 雪花的形状为什么都不一样？ 034
15 蚊香为什么像蜗牛壳？ 036
16 药的形状为什么多种多样？ 038
17 棒棒糖棍上为什么有孔？ 043
18 脱发的人为什么大多都是"地中海"发型呢？ 044
19 自动扶梯上为什么有刷子？ 047
20 咖啡干涸后为什么会形成环状？ 048
21 卫星天线为什么像个圆盘？ 050
22 相同的产品为什么外包装样子不同？ 052
23 饼干上为什么有孔？ 057
24 3D打印机为什么有这么多样子？ 058
25 降落伞上为什么有洞？ 065
26 纸杯口边缘为什么是卷着的？ 068
27 运动员身上的胶布形状为什么各不相同？ 071
28 太空食物为什么是瘦瘦的？ 073
29 撅子为什么是半球形的？ 076
30 照片上为什么会有光斑？ 077
31 大脑为什么像核桃？ 080
32 风力发电机为什么有3个叶片？ 081
33 耳朵为什么会长得像饺子？ 083
34 门为什么会旋转？ 085
35 农田里的超大棉花糖样子的东西是什么？ 089
36 巧克力为什么结晶形状不同？ 091
37 消焰器上为什么有孔？ 095

38	气泡膜为什么是鼓鼓的？	097
39	高速路上为什么有凹槽？	099
40	马蹄上为什么要钉U形铁？	101
41	钥匙为什么是参差不齐的？	103
42	方便面为什么是弯弯曲曲的？	105
43	每个人的指纹为什么都不同？	107
44	云朵为什么长得像UFO？	109
45	烟花为什么是花的样子？	111
46	船为什么是流线型的？	113
47	沙漠为什么会有皱纹？	115
48	履带为什么又扁又长？	117
49	铅笔为什么是六边形的？	119
50	钢笔笔尖为什么是裂开的而且还有个孔？	121
51	回旋镖上面为什么是鼓起来的？	124
52	滑轮上为什么有很多轮子？	127
53	热饮吸管为什么长这样？	132
54	椅子为什么有4条腿？	135
55	比萨中间为什么放一个三脚支架？	138
56	生鱼片下面铺的像面一样的东西是什么？	140
57	洗衣机的样子为什么不同？	143
58	暖手宝中为什么有一个按扣？	146
59	高压锅顶部为什么有手柄？	149
60	不同球类运动使用的球为什么样子不同？	153
61	为什么有的电风扇没有扇叶？	162
62	螺丝为什么有螺旋状凹槽？	165
63	液体为什么掉落后呈皇冠状？	168
64	运动鞋为什么有这么多种样子？	171

问题 01
不同种类的鸟为什么嘴的样子不同呢?

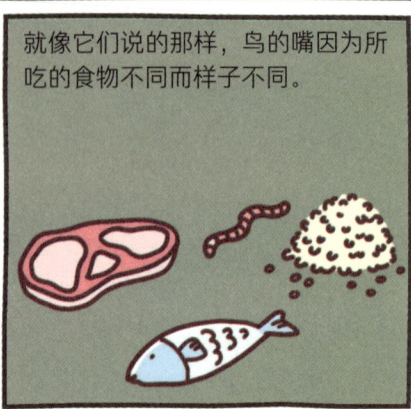

老鹰的嘴长得像钩子,能轻松将肉撕开吃掉。

相反,鸭子的嘴则是扁平的,方便拔下水里柔软的水草吃掉,或者捉昆虫吃。

麻雀的嘴非常短,能轻松啄食谷粒或果实等。

除此之外，还有很多长着不同样子的嘴的鸟。

大杓鹬（yù）
它的嘴能将藏在泥滩深处的螃蟹挖出来吃掉。

反嘴鹬
它的嘴方便叼起昆虫或生活在浅水里的螃蟹等甲壳类动物。

火烈鸟
它的嘴非常独特，能在嘴里把浮游生物或螃蟹等食物过滤出来吃下去。

鹈鹕
有着一次就能捞起大量鱼的喉囊。

巨嘴鸟
有着一张便于啄食水果的大嘴。

红交嘴雀
它的嘴是上下交错的，为了方便剥开松果，将松子掏出来吃掉。

加拉帕戈斯岛达尔文雀族的嘴

下面是达尔文所发现的、并成了进化论证据的达尔文雀族的嘴的样子。因为各自生活的地方食物不同,所以嘴的大小和形状也各不相同。

吃水果的鸟
用大嘴将水果或花朵摘下吃掉。

吃昆虫的鸟①
用短且坚硬的嘴将树上的昆虫抓住吃掉。

吃昆虫的鸟②
用又尖又长的嘴将树洞里的昆虫掏出来吃掉。

吃仙人掌的鸟
用比仙人掌的刺还长的嘴把仙人掌的肉质茎挖出来吃掉,或者吃掉仙人掌的种子。

吃种子的鸟
用硕大且结实的嘴将种子敲碎吃掉。

问题 02
水珠为什么是球形的?

下雨啦!

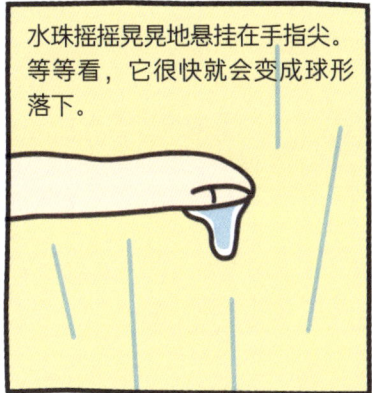
水珠摇摇晃晃地悬挂在手指尖。等等看,它很快就会变成球形落下。

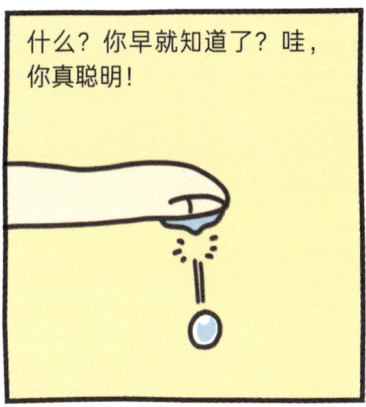
什么?你早就知道了?哇,你真聪明!

但是你不知道水珠为什么一直是球形的吧?

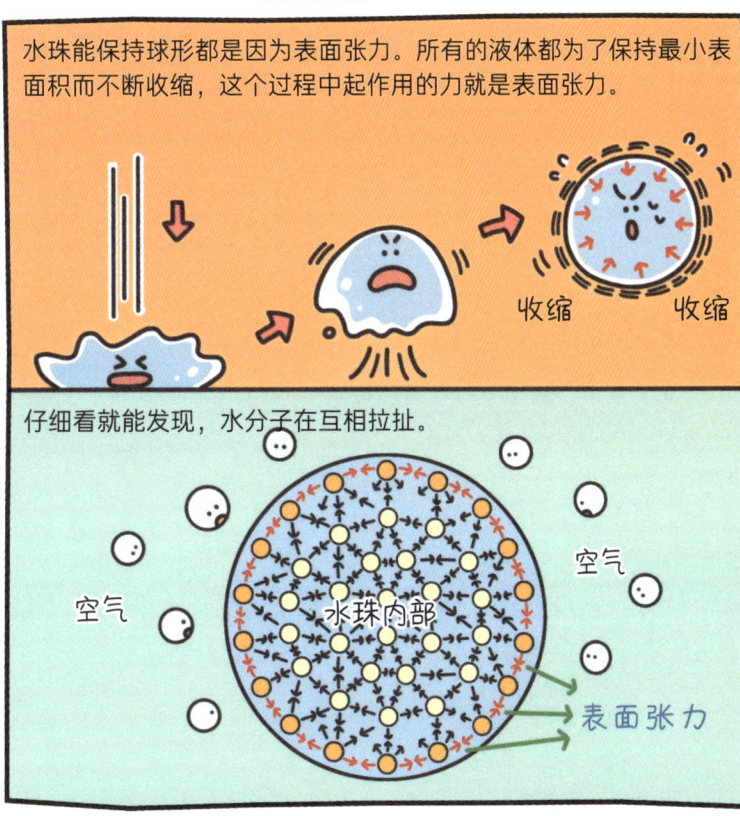
水珠能保持球形都是因为表面张力。所有的液体都为了保持最小表面积而不断收缩,这个过程中起作用的力就是表面张力。

仔细看就能发现,水分子在互相拉扯。

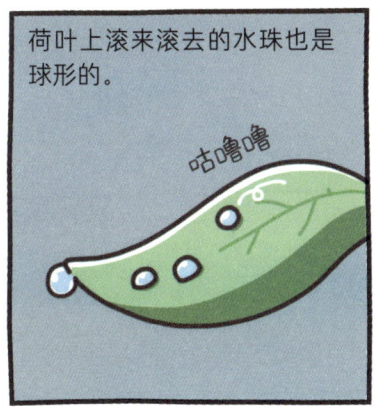
荷叶上滚来滚去的水珠也是球形的。

飘在空中的肥皂泡也是球形的。

碳酸饮料中的气泡也是球形的,这些全都是因为表面张力!

问题 03
瓶盖为什么做成齿轮状？

大家知道用玻璃瓶装的碳酸饮品吧？

比如可乐、

啤酒等。

大家看一看瓶盖，为什么会做得像齿轮一样凹凸不平呢？

橙汁或西柚汁的瓶盖就不是这样的。

为什么只有加入了二氧化碳的饮料才会使用这种瓶盖呢？

原来，这种瓶盖是100多年前一位名叫威廉·潘特的人发明的。

身为农民的威廉·潘特非常喜欢喝碳酸饮料。

我就是威廉，我超级喜欢喝碳酸饮料。

但是，有一天他喝了碳酸饮料后拉肚子了。

呃……好像变质了……

当时的碳酸饮料都是用软木塞堵住瓶口。

饮料变质，

很快就变质了……

或者二氧化碳外泄的情况时有发生。

二氧化碳跑出去了！

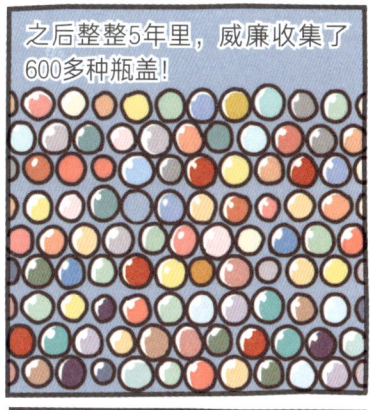

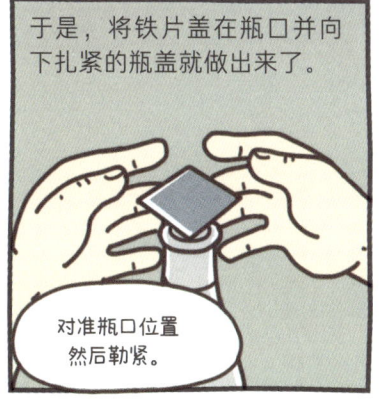
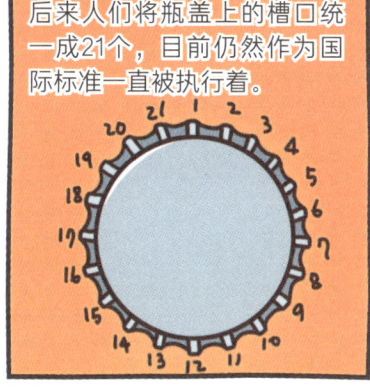
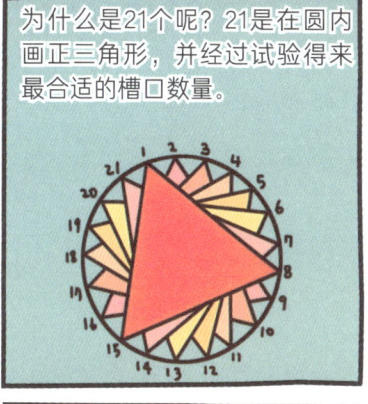
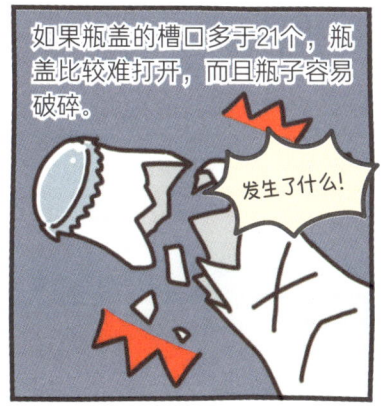

原子弹爆炸时为什么呈蘑菇状?

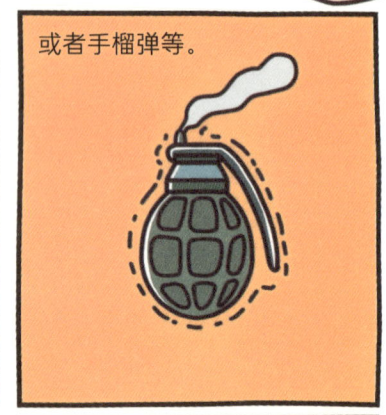

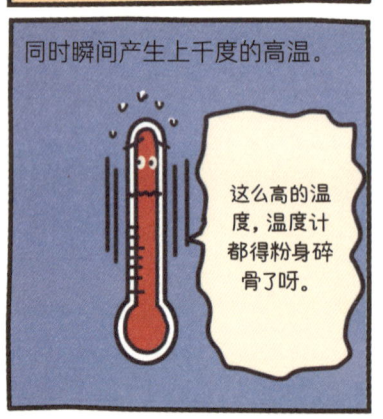
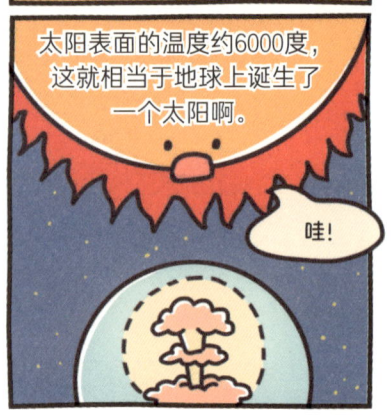

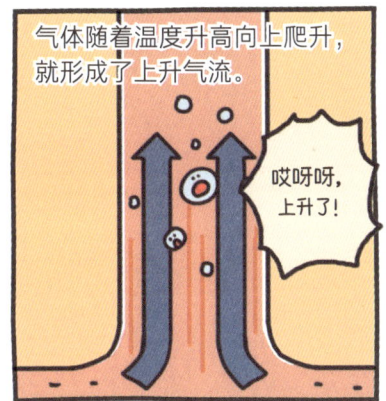
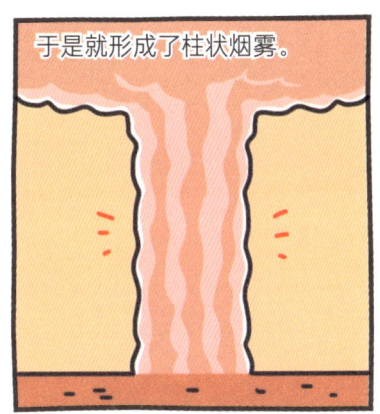
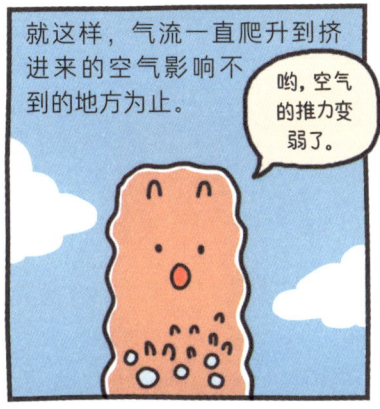

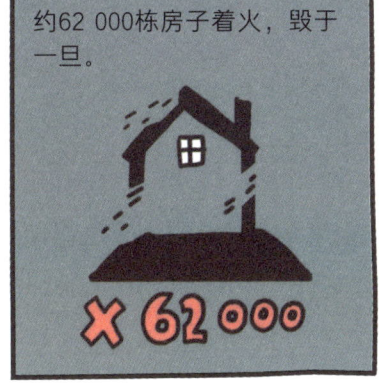

问题 05
月亮的形状为什么一直在变?

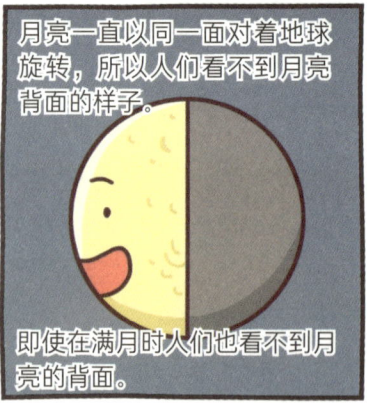
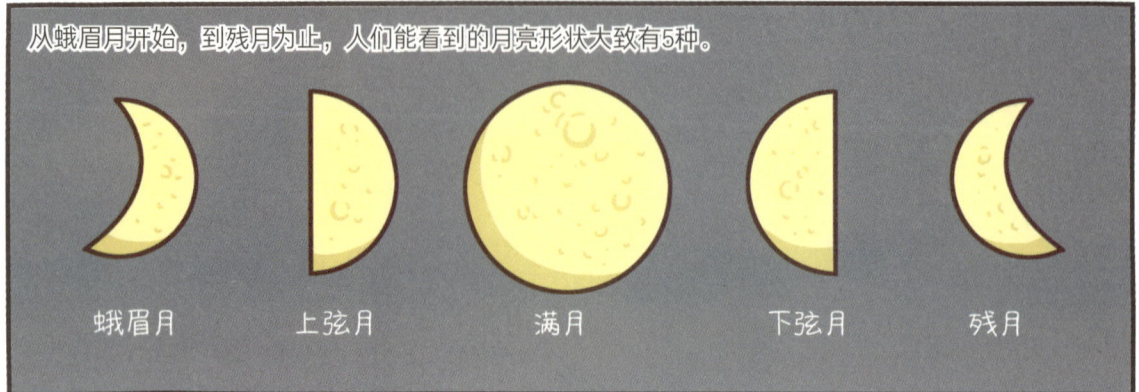

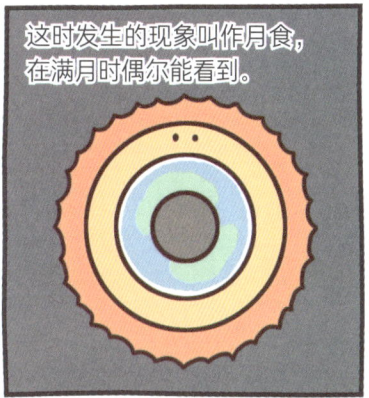
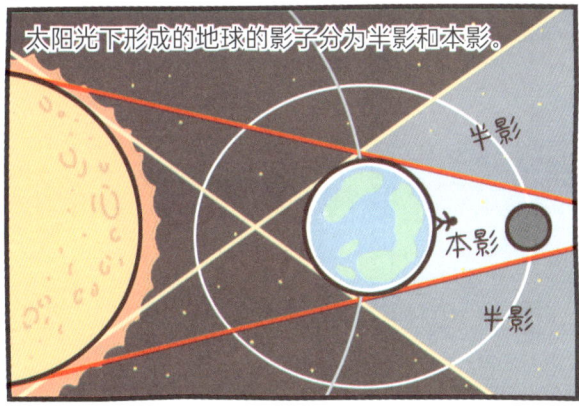

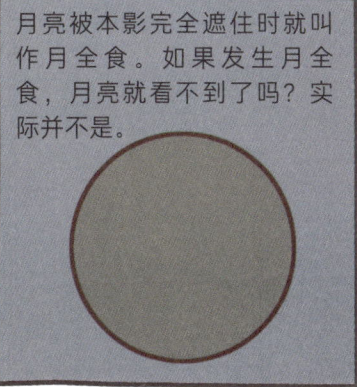

问题 06
猫的舌头上为什么有突起？

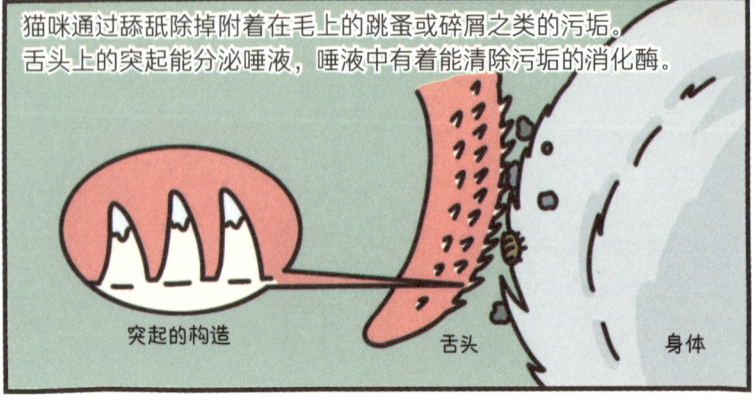

14

第二个原因是通过梳毛来调节体温。

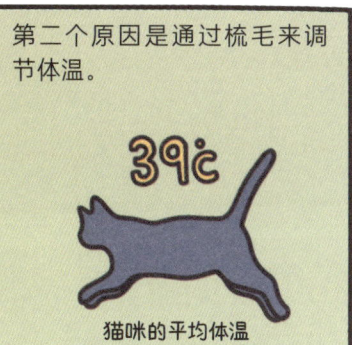
猫咪的平均体温

唾液留在毛上会被蒸发掉，带走猫身上的热量。猫咪的汗腺位于脚底，所以很难像人一样，只通过流汗就能调节体温。

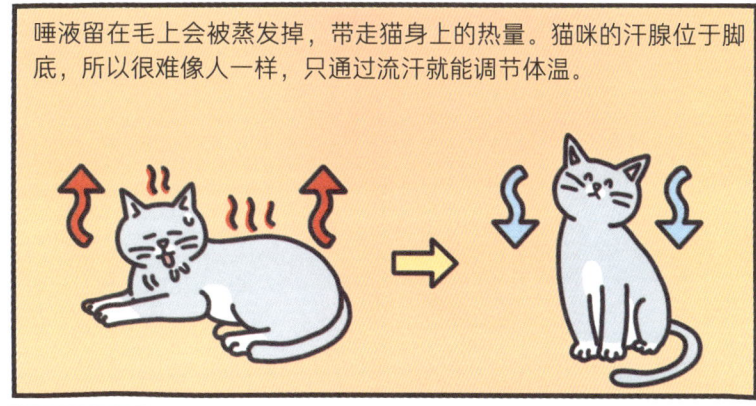

猫咪舌头上的突起还可以方便它们进食。

猫咪是肉食动物，主要吃肉或鱼。

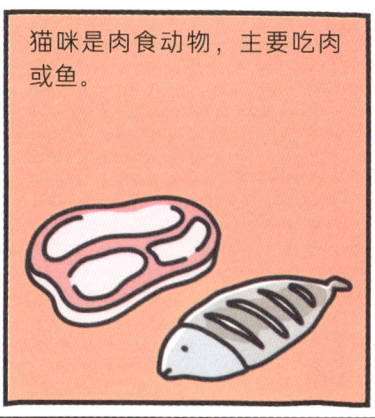

舌头上的突起能帮助猫咪将肉或鱼刮下来，就像下面这样。

狮子、老虎、美洲狮等其他猫科动物的舌头上也长着和猫咪舌头上一样的突起。对于猫科动物来说，这种突起构造是它们生存必备的。

但是，长毛猫比较特别。

长毛猫的毛又长又浓密，所以不能很好地梳理自己的毛。

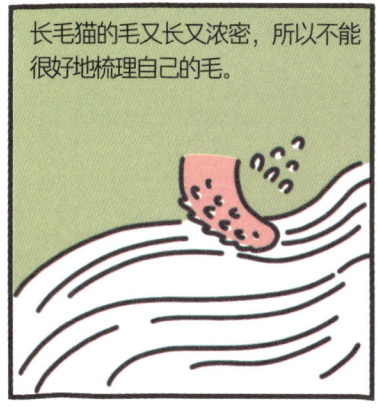

饲养者必须亲自用梳子帮它们梳毛。

问题 07
拉链为什么长这样?

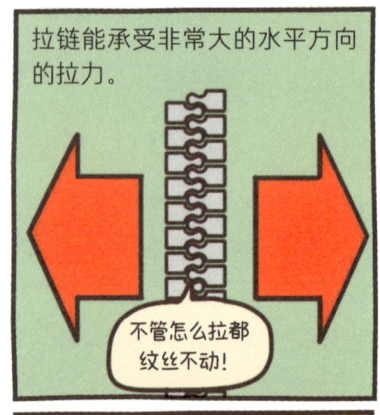
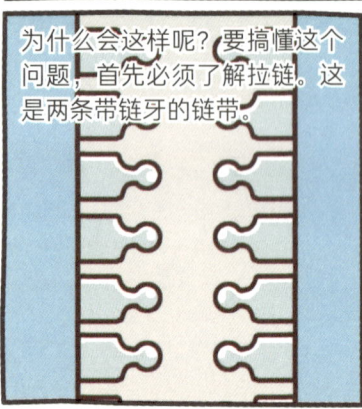
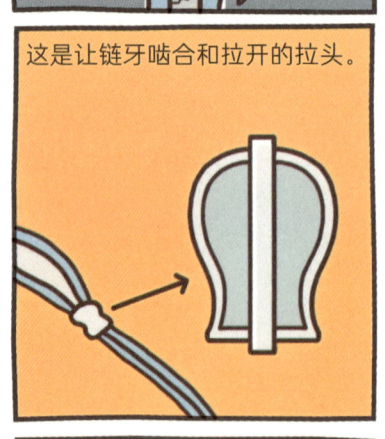
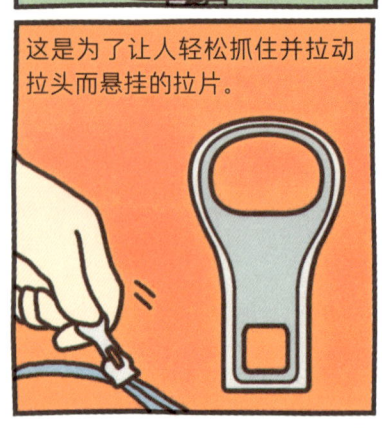
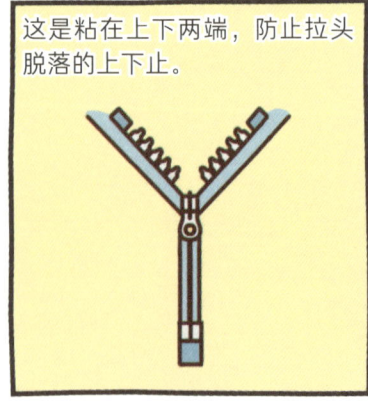
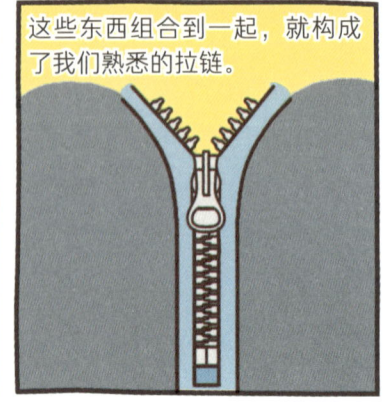
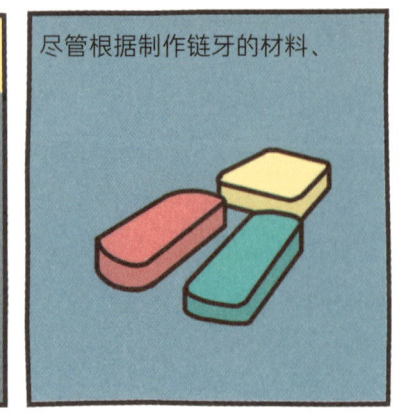

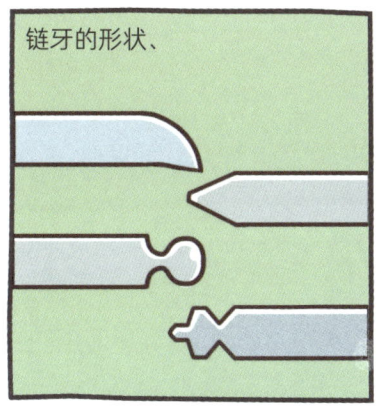

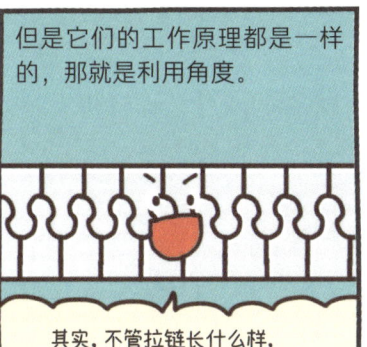
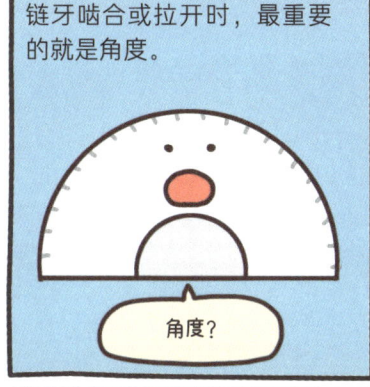
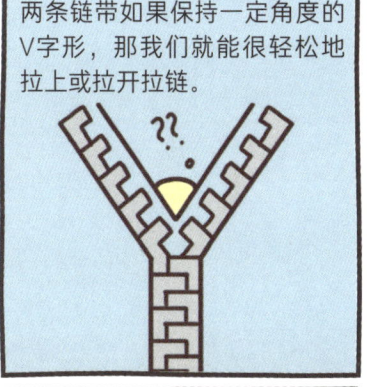
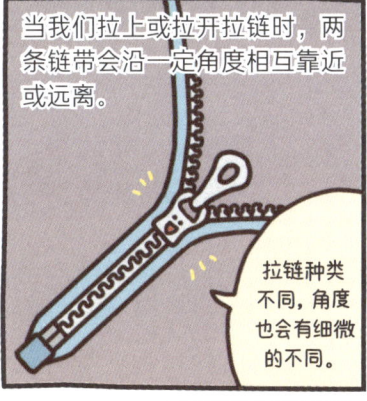
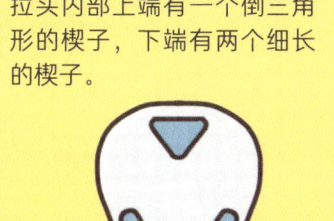
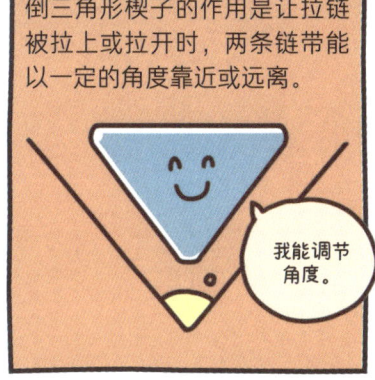
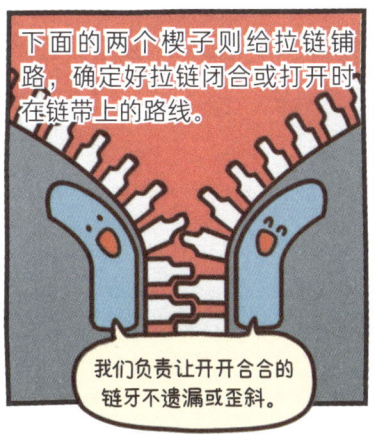

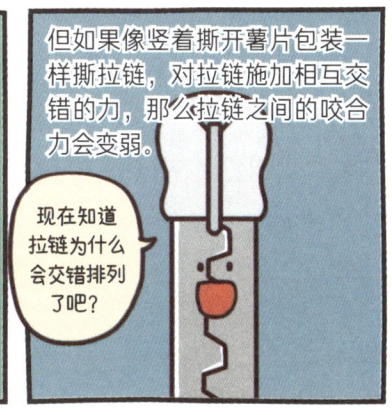

问题 08
树桩上为什么有许多圆圈?

你好!我是树桩,是树木被砍掉后剩下的根部。

你想看看我的头顶?啊,不行!太不好意思了。

什么?已经看到了?我头顶上或深或浅的圆圈叫年轮。

年轮可以看作树木年纪的标志。

因为在四季分明的地方,每过一年树木的年轮就会长一圈!让我来告诉你为什么。

春　　夏　　秋　　冬

春天和夏天,阳光强烈且雨水充足,所以树木长得很旺盛,这时长出来的年轮是浅色宽松的部分。

从秋天开始,因为阳光和雨水都不充足,而且气温下降,所以树木的生长比较慢,这时就长出年轮的深褐色部分。所以每过一年,年轮就会增加一圈。

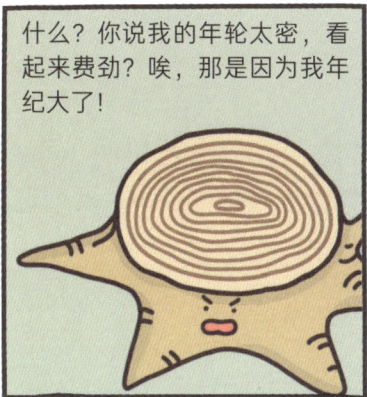
什么？你说我的年轮太密，看起来费劲？唉，那是因为我年纪大了！

不过，像我的年轮一样以中心的圆为基准向周围平整扩散开的树木能有几棵？

年轮通常都是七扭八歪或者往一个方向集中的。

为什么呢？年轮的形状会受地势高低，

或者树木之间的距离远近，

或者被大树遮挡、得到的阳光比较少等因素影响。

现在应该明白了吧。

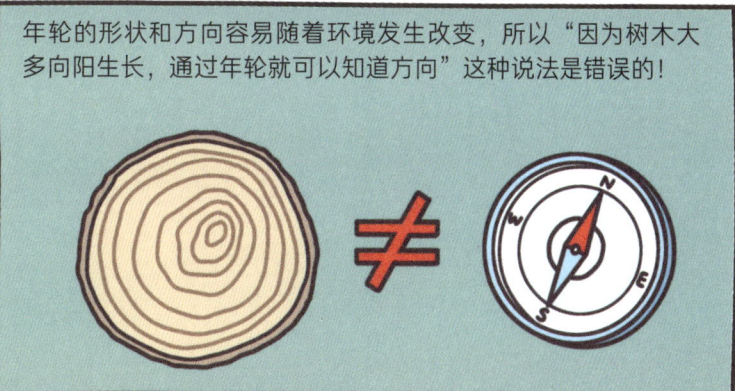
年轮的形状和方向容易随着环境发生改变，所以"因为树木大多向阳生长，通过年轮就可以知道方向"这种说法是错误的！

不仅树桩，折断的树枝上也有年轮，由此可以推断树枝生长出来的年份。

但不能因此就特意将树枝折下来看年轮！因为树木也有生命，是我们珍贵的朋友！

问题 09
饮料罐为什么是圆柱体的?

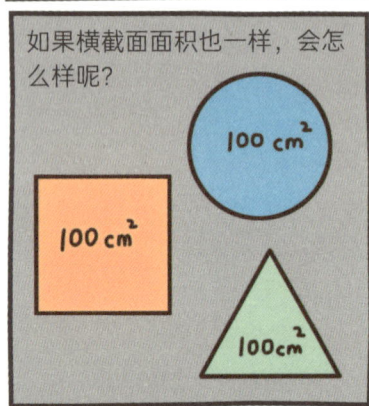
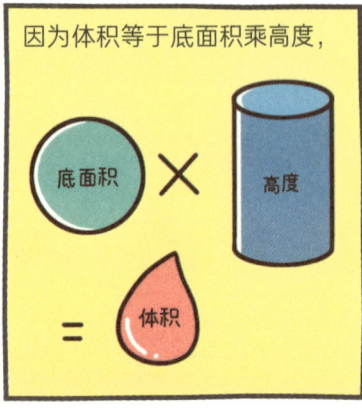

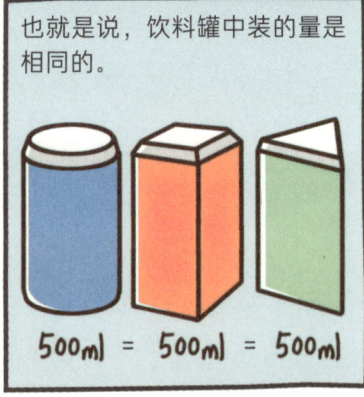

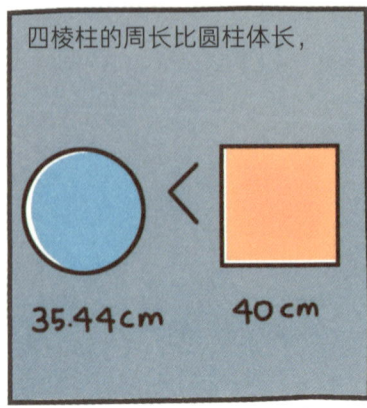
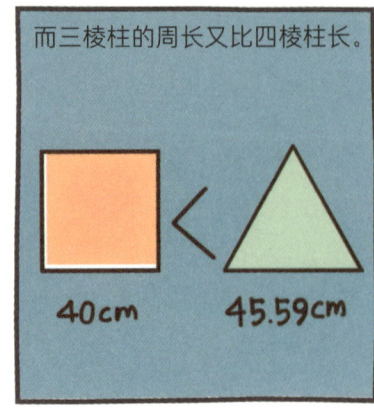

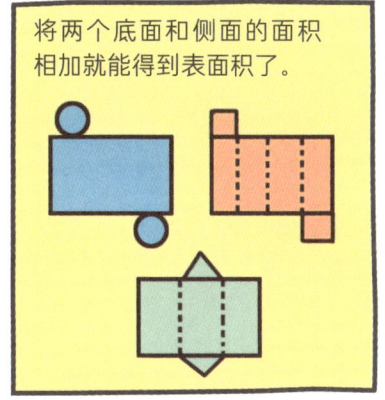
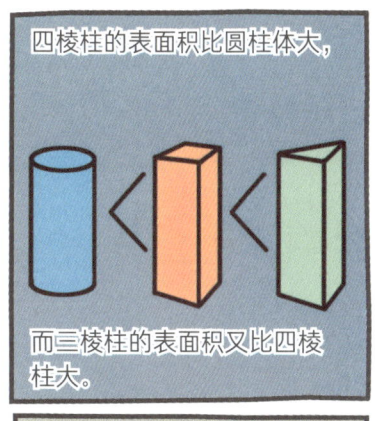
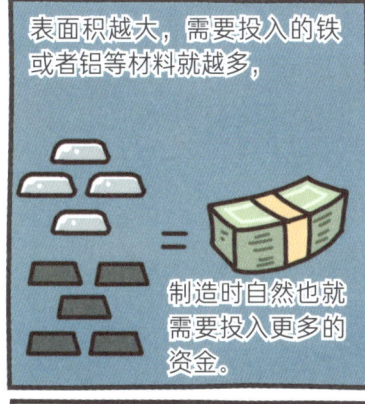

问题 10
彩虹为什么是半圆形的？

我们这次的主人公是谁呢？看颜色就能猜到了吧？

那就是彩虹！

彩虹为什么是半圆形的呢？

像拱桥，

像发箍，

也像扇子。

想要知道原因，就必须先了解彩虹产生的两个条件。

两个条件！

第一，阳光必须以低角度照射。

第二，空气中必须有水珠。

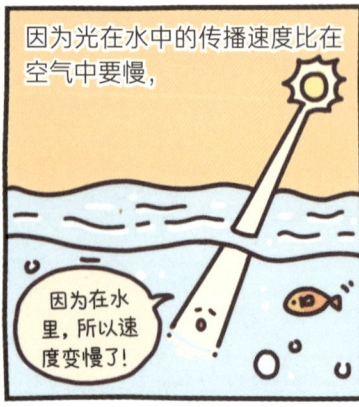
因为光在水中的传播速度比在空气中要慢，

因为在水里，所以速度变慢了！

所以光从水中通过，速度会发生变化，同时前进方向也会偏折。

怎么回事？我为什么往这边走了？

这就叫折射。

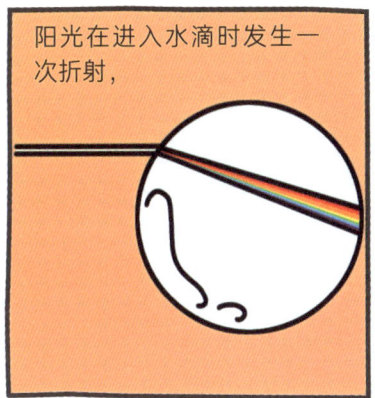
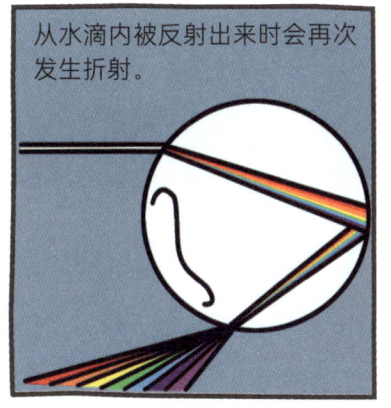

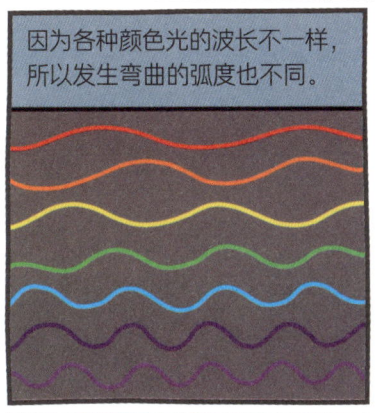
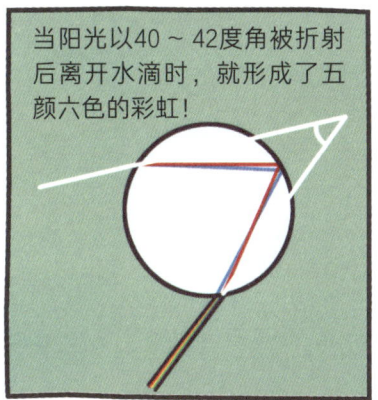
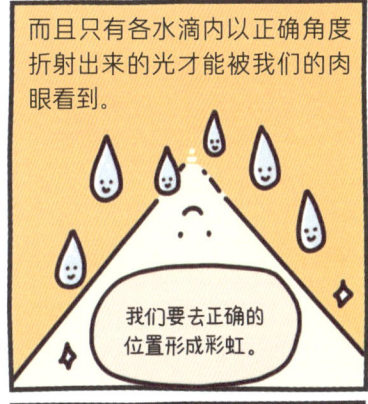

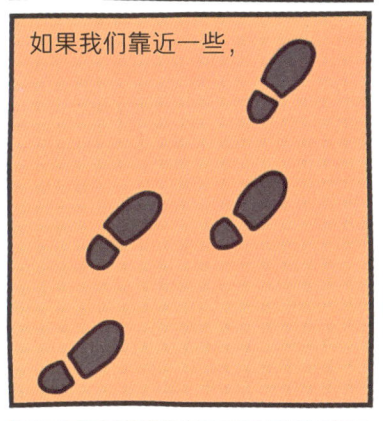

问题 11
钻石为什么是这种形状？

世界上有着形形色色的宝石：

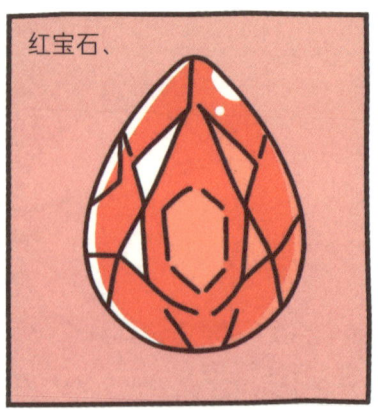
红宝石、

蓝宝石、

紫水晶、

绿宝石、

欧泊等。

这些宝石制作成耳环、项链、戒指等饰品，

散发出绚烂的光芒，吸引我们的目光。

哇！

一块闪闪发光的小石头，

没错，我们就是小石头，不过那又怎样呢？

只是因为漂亮，

有这么喜欢吗？真的想要吗？

就能偷走人们的心，让人为之疯狂。

没错！我想要，想要得快疯了！

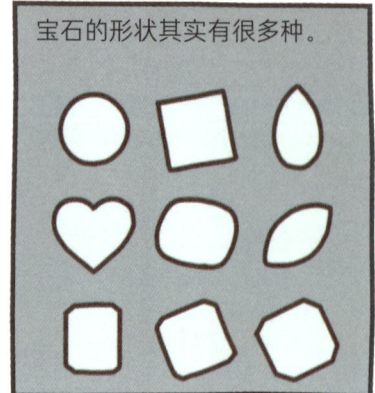
宝石的形状其实有很多种。

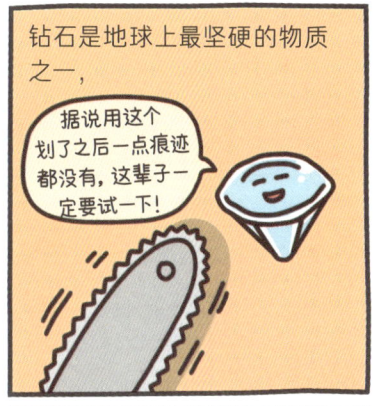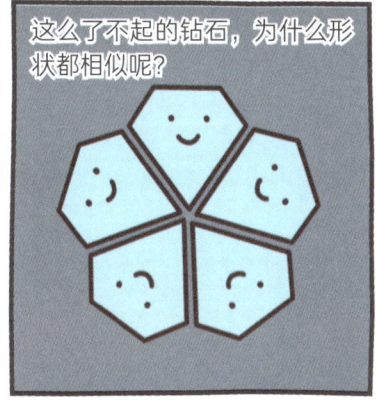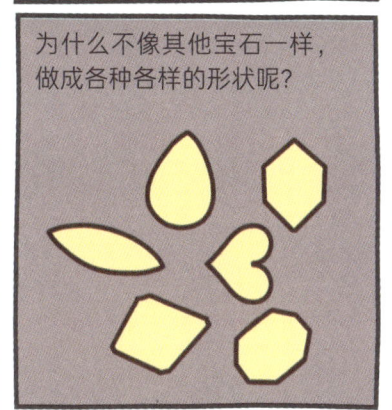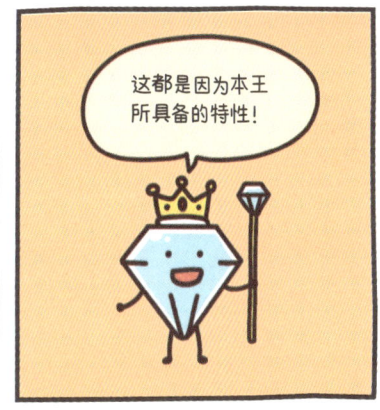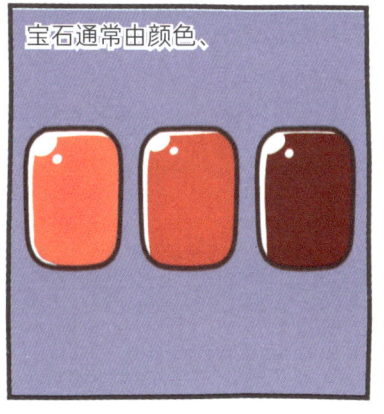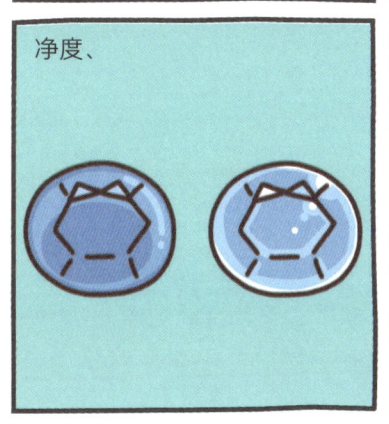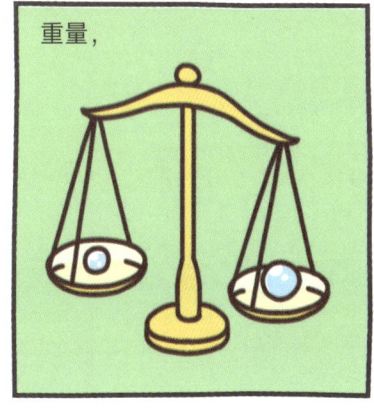

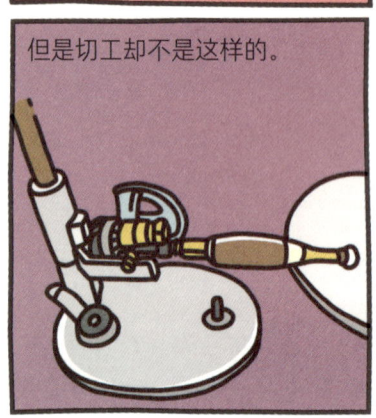

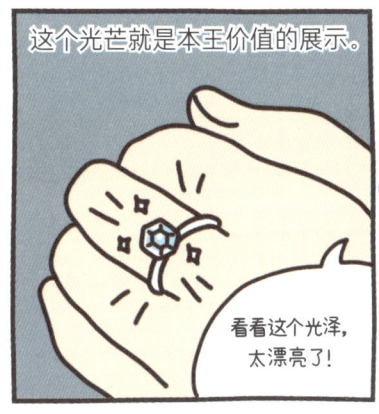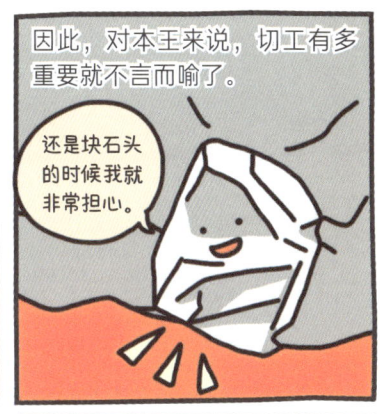
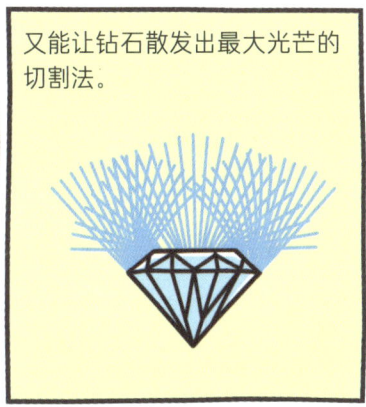

标准圆钻型切工要求冠顶有33个面，底部有25个面。

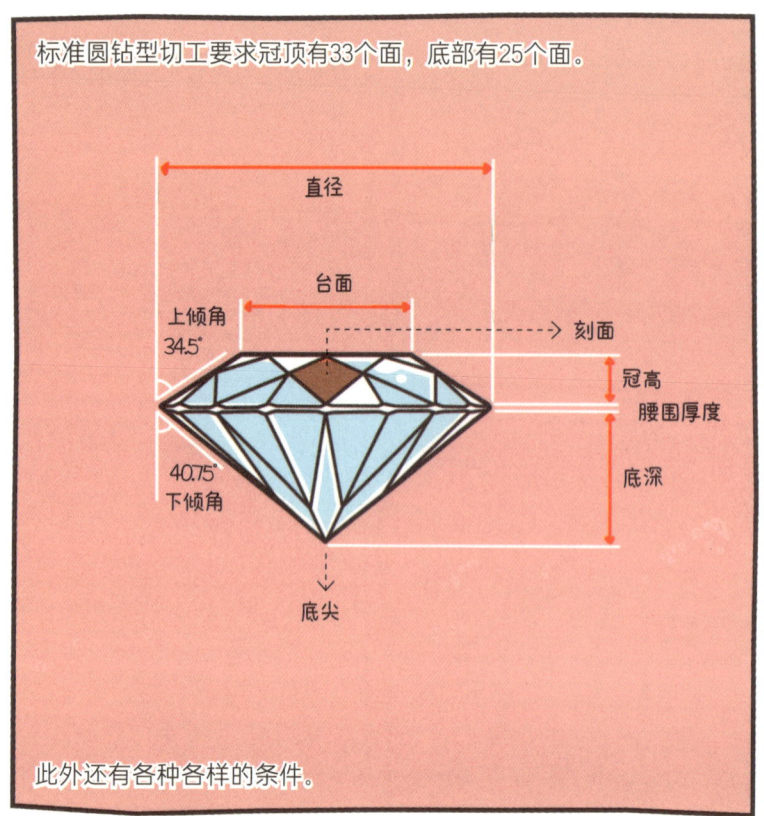

此外还有各种各样的条件。

必须满足所有的条件才能称之为理想的标准圆钻型切工。

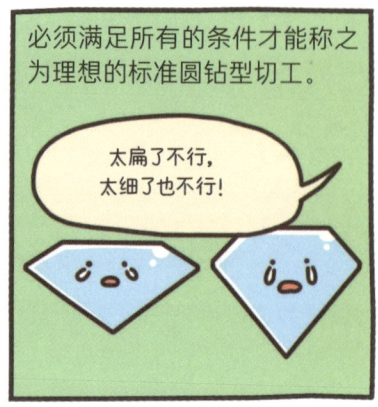

太扁了不行，太细了也不行！

而且理想的标准圆钻型切工也能产生特别的花纹。

感觉怎么样？这是本王孤高的姿态。

当然，有一些钻石通过其他方式，也会切割成水滴形、

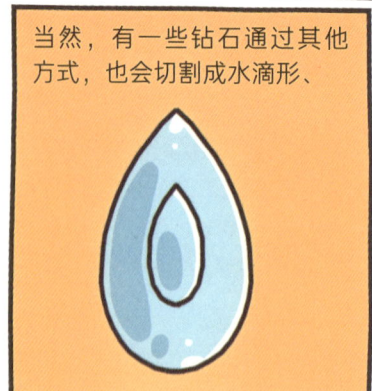

方形等各种各样的形状。

大多数钻石形状相同是有原因的。

说到钻石形状……是这种形状吗？

其他宝石也有自己具有代表性的切割方法。

你好，我是祖母绿切割。

了解切割方法是不是很有趣？那我就先告辞了。

问题 12
积木娃娃的头上为什么有一个孔？

你好！我是积木娃娃。

我今天也在陪孩子们玩耍。

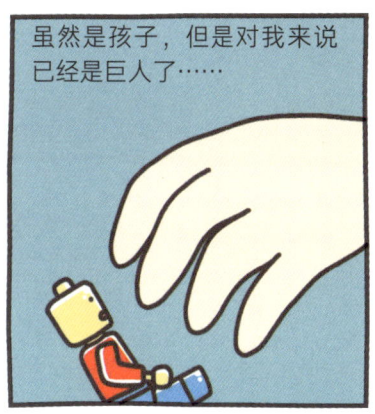
虽然是孩子，但是对我来说已经是巨人了……

孩子们可能会将我的身体分开，

也会将我的头放到积木建筑顶上。

不过没关系，我很喜欢！

但是，有时候我也很累。

就是这个时候。

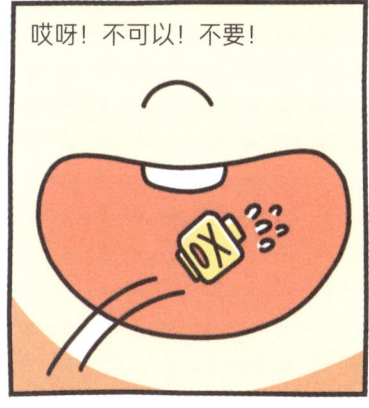
哎呀！不可以！不要！

最终还是被卡在嗓子里了。

不用担心，因为我的头顶有一个孔，所以孩子还能保持呼吸顺畅。

最初在我的头上钻一个孔，就是为了预防这种事情发生，让误吞下我的孩子不会喘不过来气。唉，我现在湿漉漉的……

问题 13
为什么桥的形状各不相同呢?

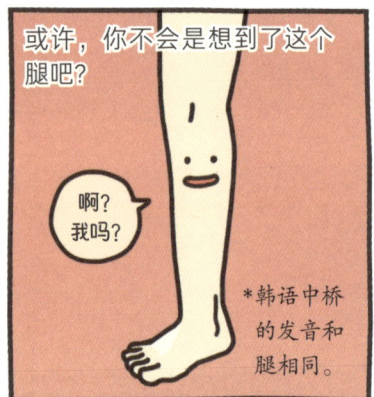

或许,你不会是想到了这个腿吧?

啊?我吗?

*韩语中桥的发音和腿相同。

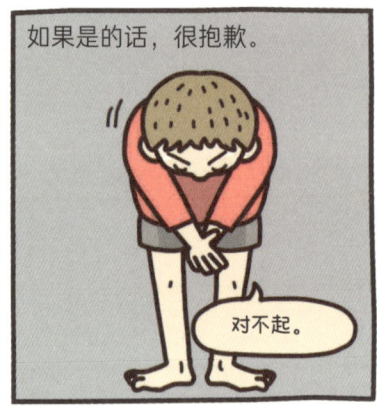

如果是的话,很抱歉。

对不起。

我说的是英国的伦敦塔桥,

或者韩国的仁川大桥这样的桥梁。

桥很容易被人们忽略。

桥怎么都不一样呢?

作为一个城市的象征,你可能只是觉得它们建造得很漂亮而已。

那个……确实很漂亮。

毫不夸张地说,桥汇集了建筑技术的精髓。

人们昼夜不停使用的桥,必须考虑材料、结构、稳定性、经济性等诸多要素。

怎么这么多?不过是建一座桥而已……

不过,桥的形状为什么不同呢?

看来你对我很好奇啊?

这是位于加拿大的魁北克大桥,是利用了三角形稳定性的桁(héng)架桥的典型代表。

即使四边形各边长度相等,也会有各种各样的四边形。

我们四条边的长度都一样。

边

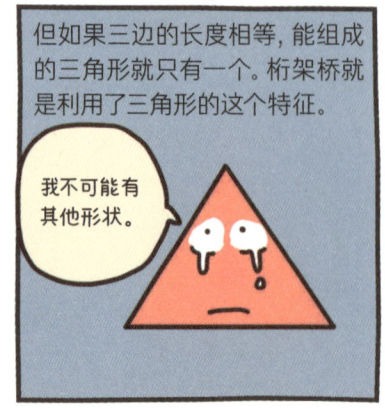

但如果三边的长度相等,能组成的三角形就只有一个。桁架桥就是利用了三角形的这个特征。

我不可能有其他形状。

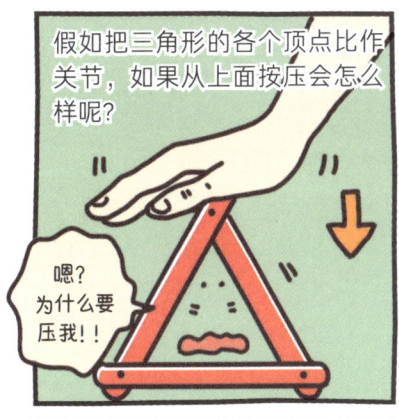
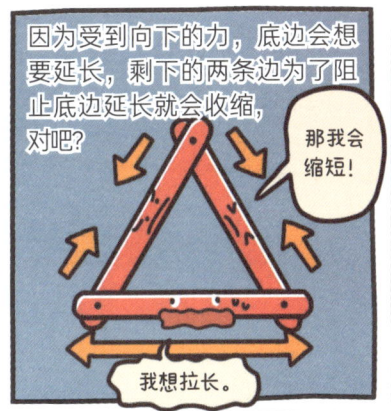
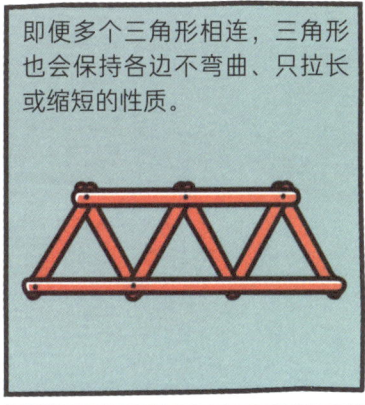

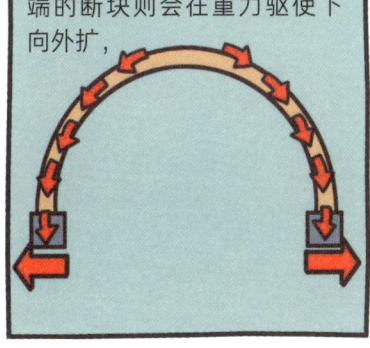

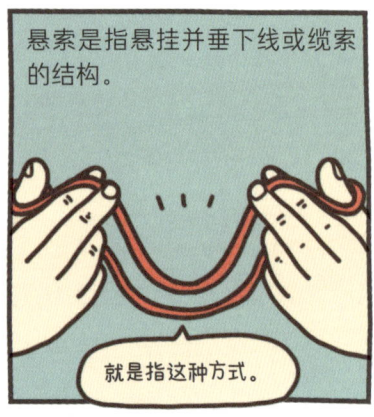

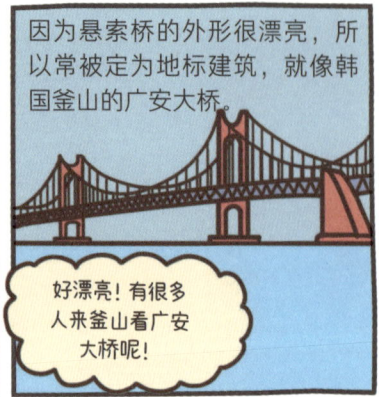

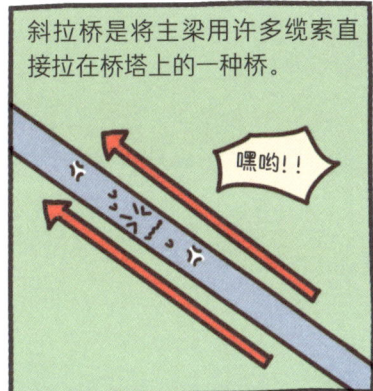
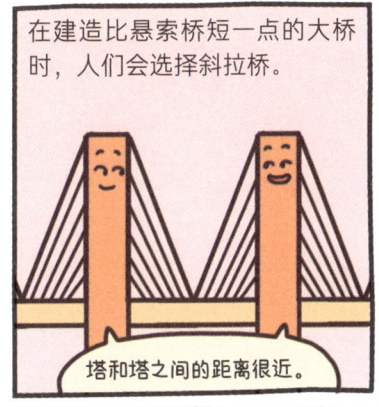

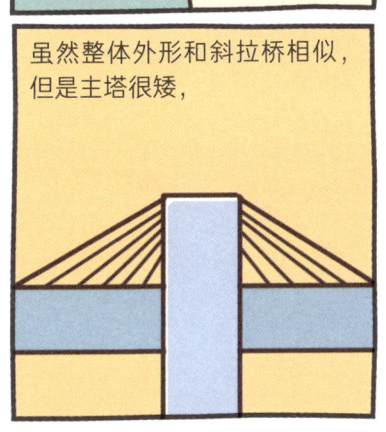

问题 14
雪花的形状为什么都不一样?

你们好！我是雪球！

这是什么？没错，就是雪花！

我的身体是由雪花构成的。

雪花的形状非常多样，你知道这是为什么吗？

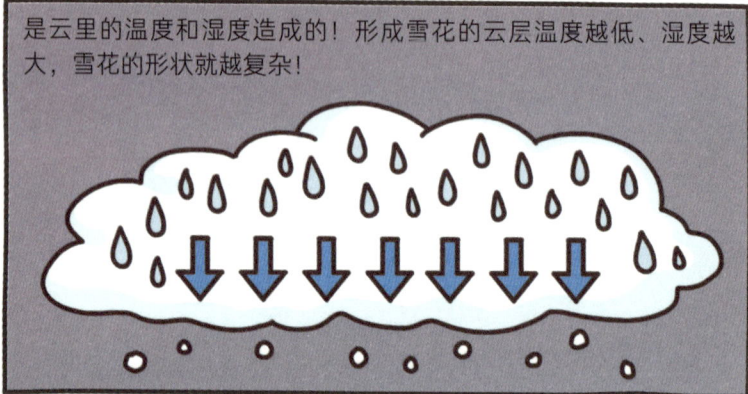
是云里的温度和湿度造成的！形成雪花的云层温度越低、湿度越大，雪花的形状就越复杂！

如果温度在-2～0℃和-20～-10℃之间，会形成我们熟悉的星盘雪花。

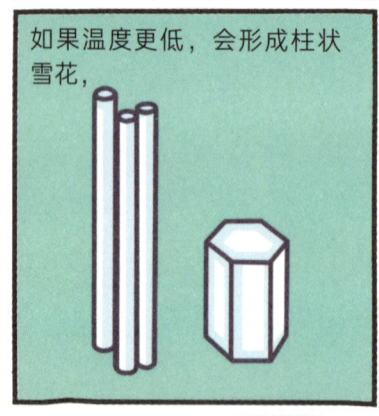
如果温度更低，会形成柱状雪花，

或者美丽的星形雪花。

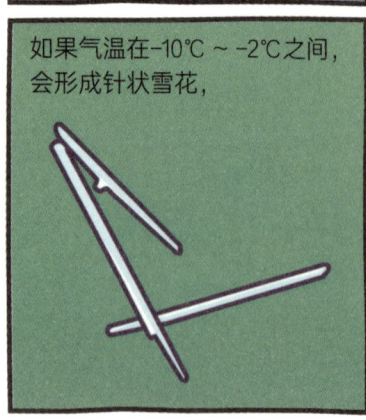
如果气温在-10℃～-2℃之间，会形成针状雪花，

以及空心六棱柱形状的雪花。

不止这些，雪花的样子超过3000种，我再告诉你一些。

34

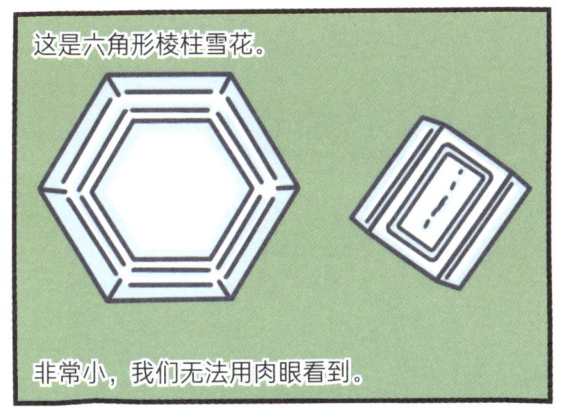

这是六角形棱柱雪花。

非常小,我们无法用肉眼看到。

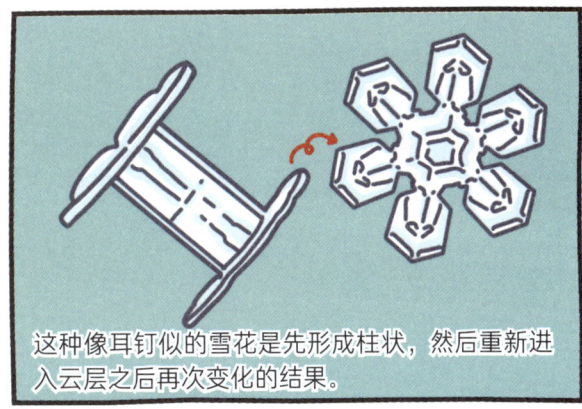

这种像耳钉似的雪花是先形成柱状,然后重新进入云层之后再次变化的结果。

星盘雪花是最常见的,它们的样子也非常多。

枝状雪花一般大小为2~4毫米,肉眼也能看到。

这是有12个分支的雪花。实际上是由两片6个分支的雪花粘连在一起形成的,所以看起来像有12个分支。

问题 15
蚊香为什么像蜗牛壳?

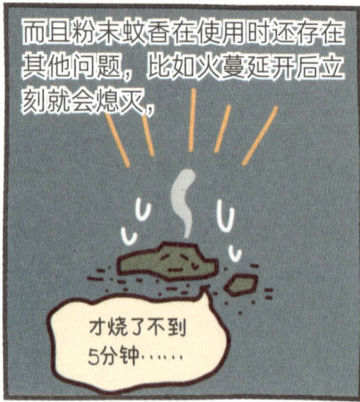

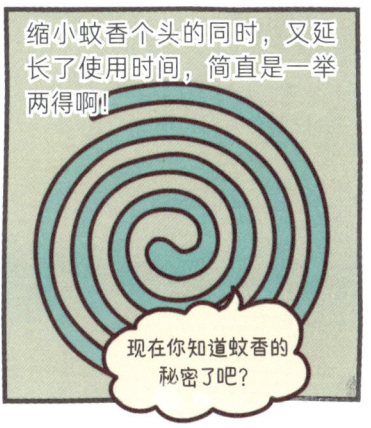

虽然像线香一样的蚊香使用起来很方便, 点燃之后只要插起来就可以了!	保管也非常简单, 基本不用考虑温度和湿度问题,这还不错。	但蚊香燃烧数十分钟后就熄灭了。 烧了没多久就……
一天有24小时,即使用了拿破仑睡眠法,每天睡觉的时间也需要4个小时以上。 在找我吗?	如果增加蚊香长度,那么蚊香会因为过长而很容易折断, 啪	或者倒下。 哗啦啦
而且掉落的灰烬也会让火苗熄灭。 唰唰 这么长的灰烬掉落,火苗肯定会被弄灭!	于是人们最终制出了螺旋形蚊香。	将非常长的蚊香盘起来,蚊香变得只有手掌大小,
使用时间也延长到了6~8个小时之久。 一觉起来蚊香还没灭吗?	而且蚊香是平放的,所以燃烧的灰烬会掉落到地上,完全不用担心会熄灭。	缩小蚊香个头的同时,又延长了使用时间,简直是一举两得啊! 现在你知道蚊香的秘密了吧?

问题 16
药的形状为什么多种多样？

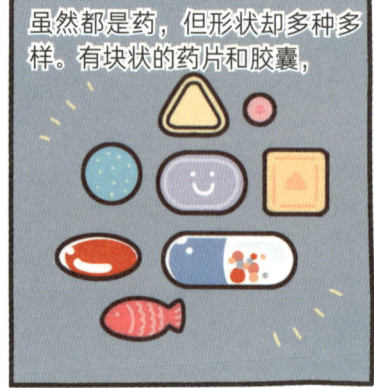

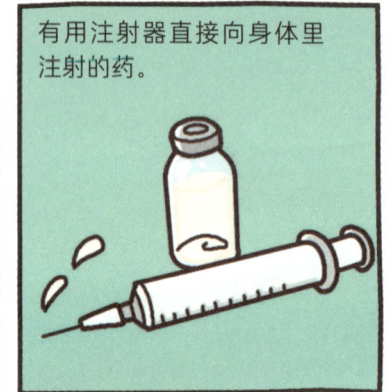

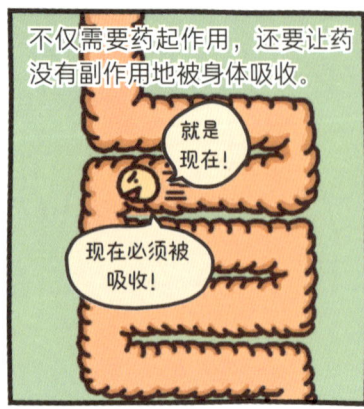

说起药，你可能会想到药丸。

虽然都是药，但形状却多种多样。有块状的药片和胶囊，

有粉末组成的药粉，有糖水一样的药剂。

有贴在身体上的药贴，有涂抹的药膏。

有用注射器直接向身体里注射的药。

有吸入身体的药，还有喷雾状的药。

为什么药的样子都不同呢？

你和我是同一种药？

当然不只是外表华丽多变。

嘿嘿

药的样子如此丰富，都是为了发挥最大药效而设计的。

不要小看我药粉！消灭你们完全够了！

不仅需要药起作用，还要让药没有副作用地被身体吸收。

就是现在！

现在必须被吸收！

想象一下，生病的人吃了药，但没有好转的话，该有多痛苦。

为什么吃了药也没有好转……

那么现在我们来具体了解一下不同样子的药吧！

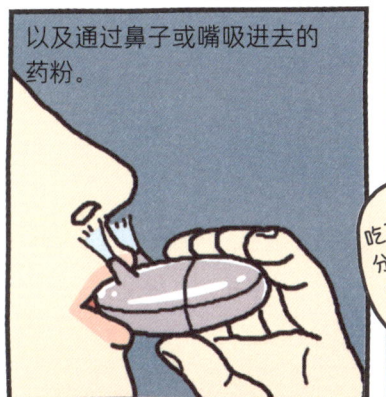

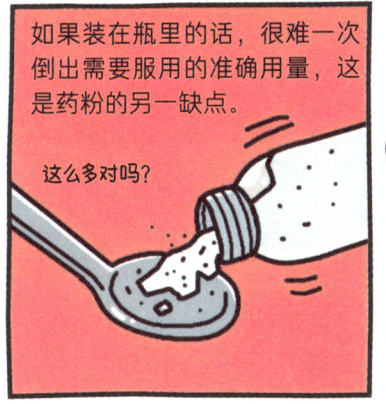

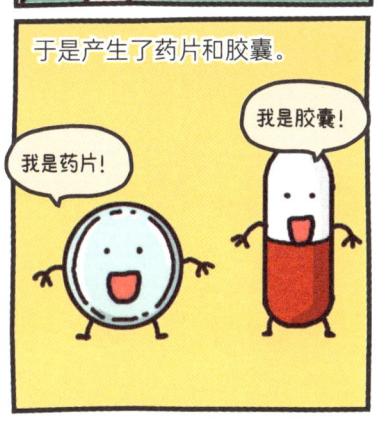

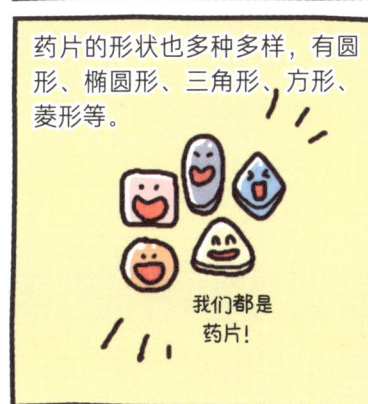

首先是药粉。 你好! 我是药粉!	药粉分为放进嘴里吃下去的药粉,	撒在皮肤上的药粉,
以及通过鼻子或嘴吸进去的药粉。	药粉能让药的成分快速吸收进体内,立刻起效。这是药粉最大的优点。 吃了药没几分钟,就已经有效果了吗?	而且药粉能减少被噎住的风险。 咳咳
但是药粉怕湿,所以不容易保存。	如果装在瓶里的话,很难一次倒出需要服用的准确用量,这是药粉的另一缺点。 这么多对吗?	于是产生了药片和胶囊。 我是药片! 我是胶囊!
药片是将药粉聚集到一起,压制成方便服用的片状。 我曾经也是药粉。	药片的形状也多种多样,有圆形、椭圆形、三角形、方形、菱形等。 我们都是药片!	为了方便人们区分,最近有的药片甚至做成了器官的样子。 我是治疗心脏的药!

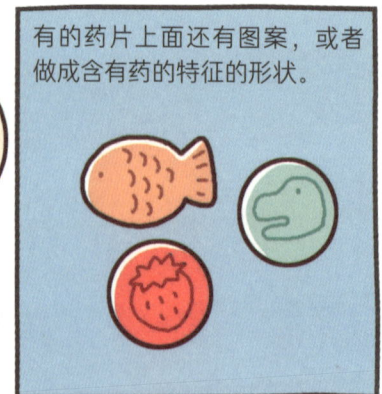

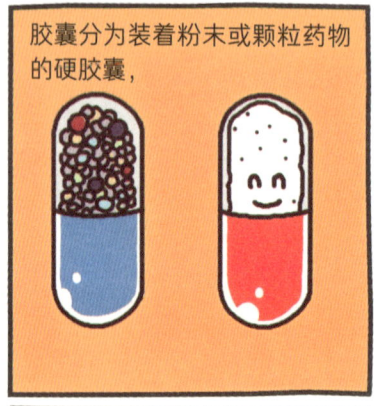

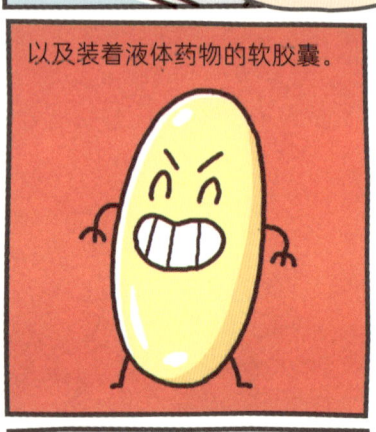

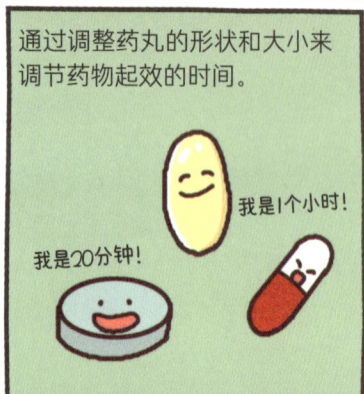

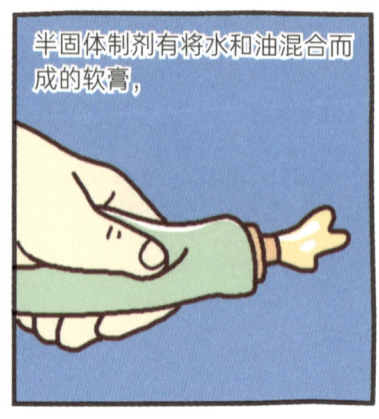

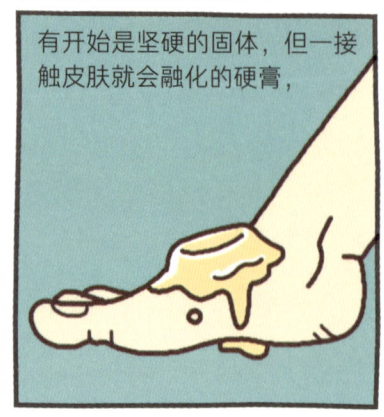

药片还有为方便嚼着吃而制作的咀嚼片。 嚼着吃的药片……	有的药片上面还有图案，或者做成含有药的特征的形状。	咀嚼片如果和其他药混淆在一起吞下去就不好了。 这个得拿出来，一会儿嚼着吃。
胶囊将不易压制成一团的药物装起来。 这些药不能凝成一团。	胶囊分为装着粉末或颗粒药物的硬胶囊，	以及装着液体药物的软胶囊。
通过调整药丸的形状和大小来调节药物起效的时间。 我是20分钟！　我是1个小时！	药丸分量固定， 我正好是5毫克！	保管和携带也很容易。 可以带到任何地方。
涂抹身体的药又是什么呢？ 你好！我是半固体制剂！	半固体制剂有将水和油混合而成的软膏，	有开始是坚硬的固体，但一接触皮肤就会融化的硬膏，

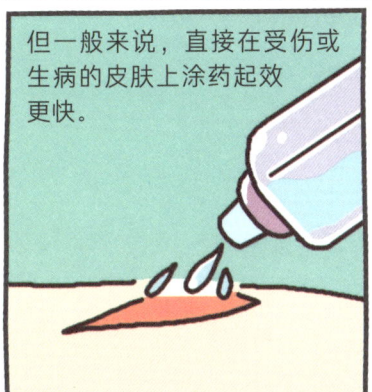

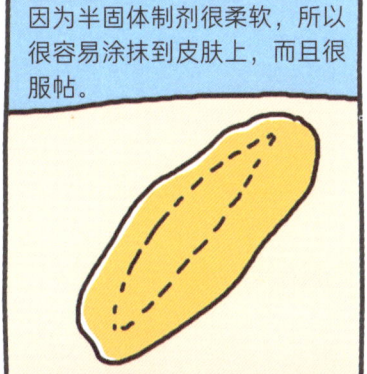

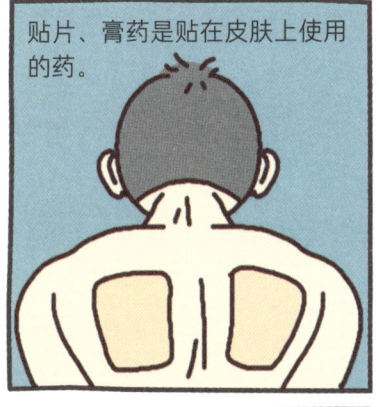

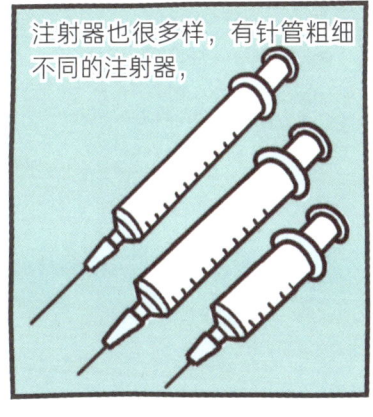

有以油为主、水分较少的霜,	还有像消毒洗手液这种透明且不黏糊的凝胶。	虽然口服的药也能治疗皮肤上的伤口或疾病, 长痘痘了……看来得吃药才行。
但一般来说,直接在受伤或生病的皮肤上涂药起效更快。	药粉或药丸很难贴在皮肤上,而且体温也很难将它们融化掉。 这是什么呀!	因为半固体制剂很柔软,所以很容易涂抹到皮肤上,而且很服帖。
贴片、膏药是贴在皮肤上使用的药。	虽然大多是方形的,但是也有一些做成硬币大小的圆形。 也有长得像我这样的贴片!	贴片和膏药是通过药物渗入皮肤起效的。
它们的优点是能让药物维持固定的浓度,而且药效能持续很久。 据说我能维持足足3天之久!	注射剂是通过注射器直接注入身体里的药。 我不是吃的药,也不是涂抹或贴的药哦!	注射器也很多样,有针管粗细不同的注射器,

41

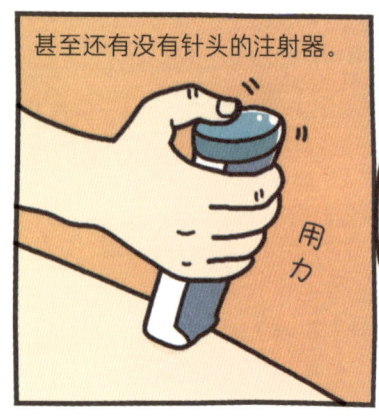

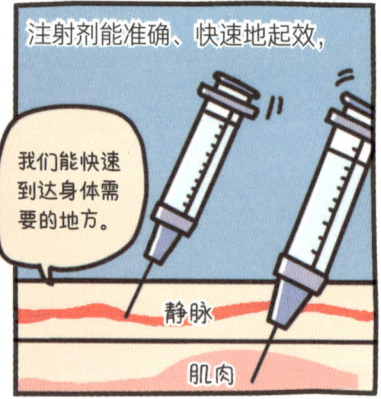

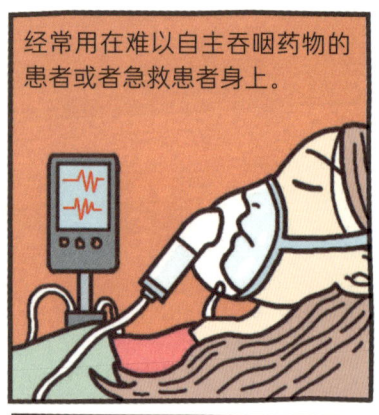

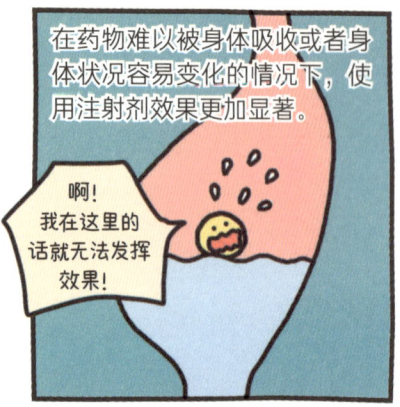

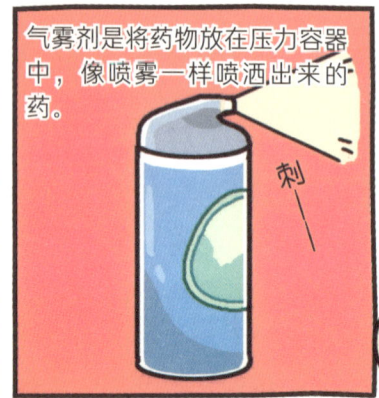

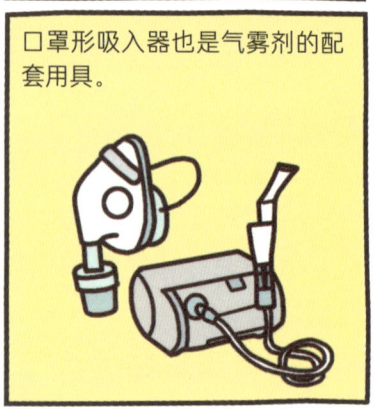

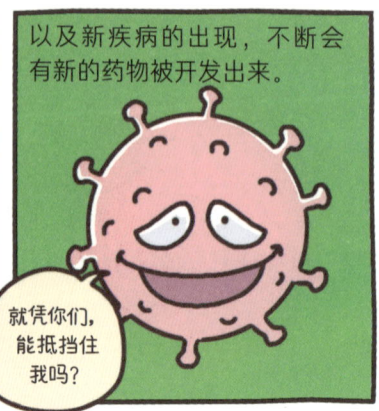

甚至还有没有针头的注射器。 用力	注射剂能准确、快速地起效。 我们能快速到达身体需要的地方。 静脉 肌肉	经常用在难以自主吞咽药物的患者或者急救患者身上。
在药物难以被身体吸收或者身体状况容易变化的情况下，使用注射剂效果更加显著。 啊！我在这里的话就无法发挥效果！	气雾剂是将药物放在压力容器中，像喷雾一样喷洒出来的药。 刺	不需要用手接触受伤部位就能上药。 能预防感染，也很卫生！
还能给手接触不到的地方，比如鼻子、口腔深处用药。	气雾剂能便利地将药喷到很大的面积上，药的性质也不会发生变化。 GAS 想象一下煤气罐和喷雾器就很容易理解了！	口罩形吸入器也是气雾剂的配套用具。
随着科技的进步，	以及新疾病的出现，不断会有新的药物被开发出来。 就凭你们，能抵挡住我吗？	无论是何种新药，它们的形状都是为了发挥最大药效而设计的！ 不管我是什么形状，我一定会粉碎你们的！

42

问题 17
棒棒糖棍上为什么有孔？

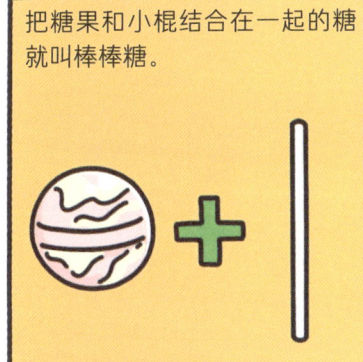

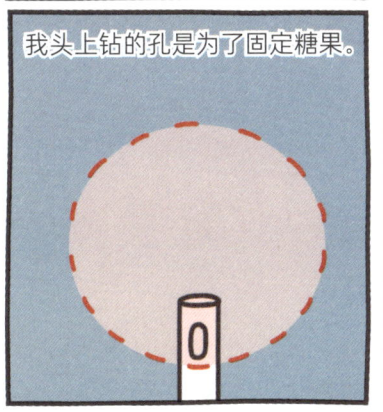

你好呀！我是棒棒糖！

把糖果和小棍结合在一起的糖就叫棒棒糖。

什么？我不说你也知道？不知道你是不是在骗我。

即便如此，我也有话要说。呃，但是……谁在吃我？

呼！你好啊？我是小棍！我们先听一听糖果原本想说的话吧。

糖果原本想说的是："你不清楚棒棒糖棍上为什么有孔吧？"

我头上钻的孔是为了固定糖果。

如果没有这个孔，糖果可能"啪"地就掉下去了。

制作糖果时，如果将还是液体状态的糖果插在糖棍上，

糖果会紧紧堵住糖棍上的孔，这样就能将糖果牢牢固定住了。

只要不是故意把糖果敲碎，小棍和糖果是不会分开的。

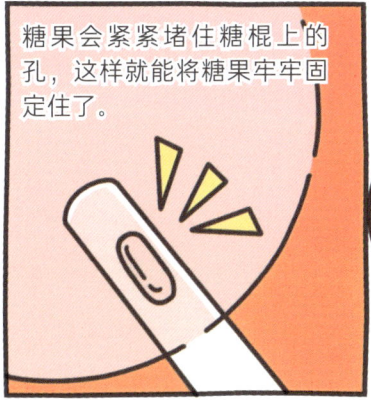

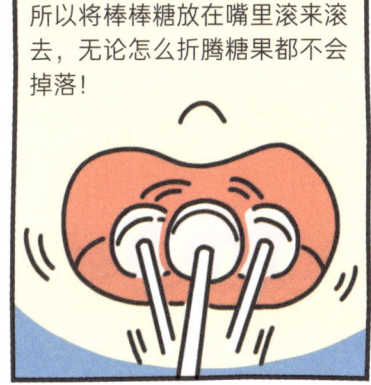

你们这么牢固吗？我要把你弄下来，嘿嘿！

所以将棒棒糖放在嘴里滚来滚去，无论怎么折腾糖果都不会掉落！

43

问题 18
脱发的人为什么大多都是"地中海"发型呢?

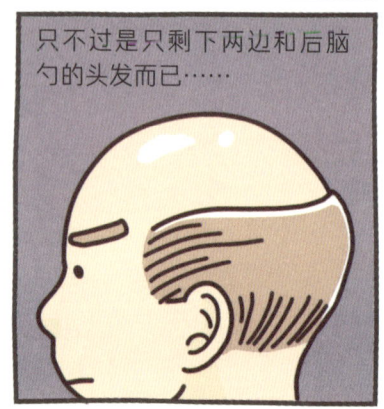

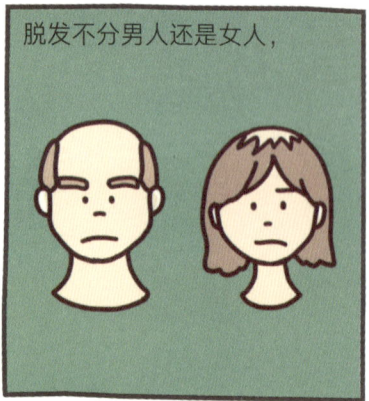

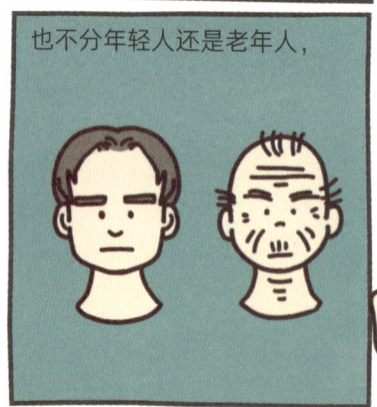

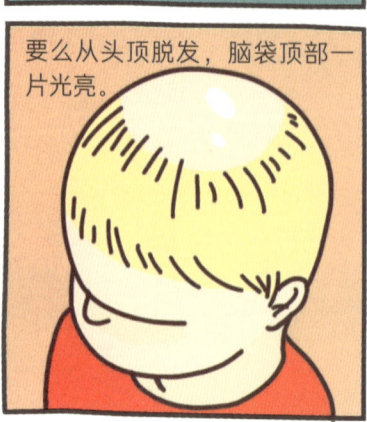

头顶好光啊。 他是秃子。

你们这些家伙,我不是秃子!只不过是脱发而已!赶紧从我眼前消失!

光头发脾气啦! 看来好脾气也和头发一起掉光了!

脱发的人并不是因为喜欢才要留"地中海"发型的,

又不是鸡冠……

反而是"地中海"发型更好!!

只不过是只剩下两边和后脑勺的头发而已……

脱发不分男人还是女人,

也不分年轻人还是老年人,

任何人都可能脱发。

妈妈!那个人的头发真奇怪,好吓人!

嘘!不能这么说话!

脱发要么从额头开始,形成M字形的发型,

要么从头顶脱发,脑袋顶部一片光亮。

也有人同时在两个地方脱发。

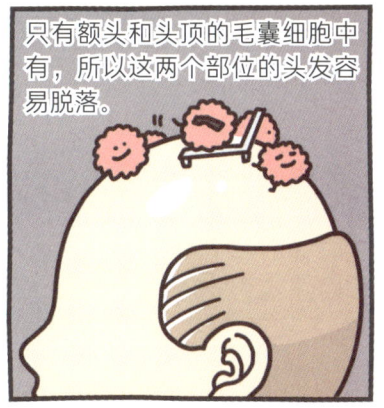

最后就和我一样，变成了这样的"地中海"发型。	那么为什么两边和后脑勺不容易脱发呢？	常见的脱发是因为男性荷尔蒙睾酮，
遇到了5-α还原酶这家伙后，	被转化成了二氢睾酮。	二氢睾酮作用在毛囊上，就会引起脱发。 杀死毛发！
但是头两边和后脑勺的毛囊细胞中没有5-α还原酶，	只有额头和头顶的毛囊细胞中有，所以这两个部位的头发容易脱落。	但是没有二氢睾酮的人也会脱发，因为环境因素也可能导致脱发。 原来不光我会引起脱发啊！
头皮卫生、 洗洗头吧！	灰尘、	压力、 就是因为这样才脱发的。孩子，放轻松些！

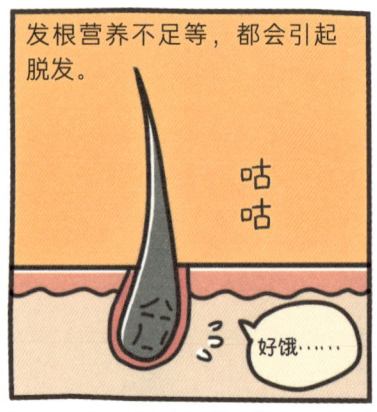

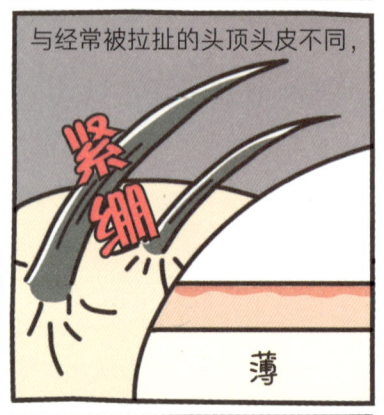

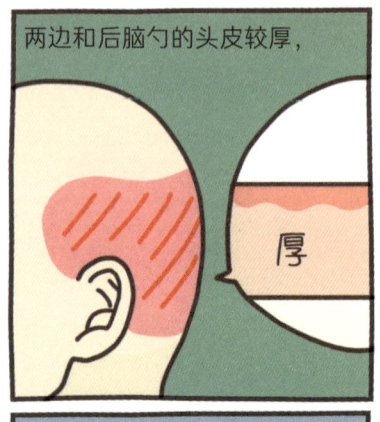

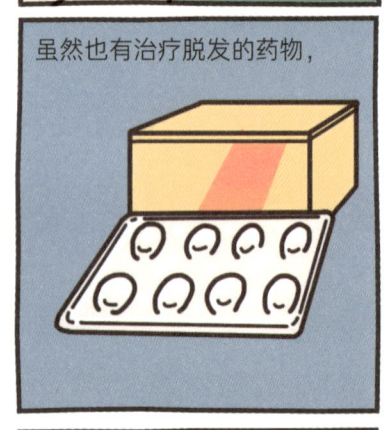

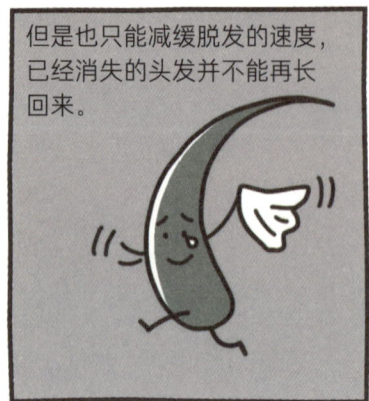

发根营养不足等，都会引起脱发。咕咕 好饿……	有些人可能在短暂的脱发后，	头发重新恢复正常。
但是脱发严重的话，也可能就只剩下两边和后脑勺的头发。这太不像话了，我居然脱发了？	与经常被拉扯的头顶头皮不同，紧绷 薄	两边和后脑勺的头皮较厚，厚
所以血液循环顺畅，能充足地供给头皮必需的营养成分。	因此最终只剩下两边和后脑勺的头发。现在真的只能戴假发了……	虽然也有治疗脱发的药物，
但是也只能减缓脱发的速度，已经消失的头发并不能再长回来。	植发或者戴假发也不能让原来的头发再长回来。	脱发真是一件令人伤心的事情，所以我们不要再拿脱发的人开玩笑了。

问题 19
自动扶梯上为什么有刷子？

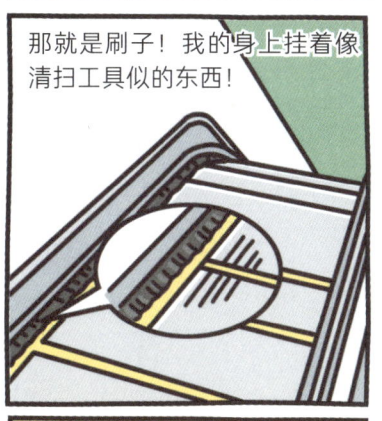

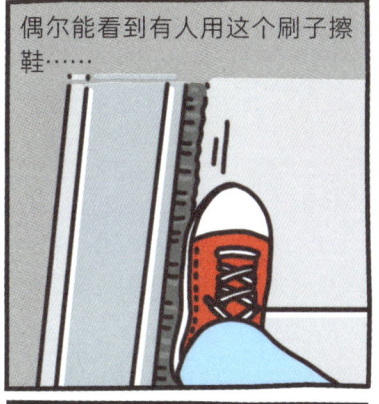

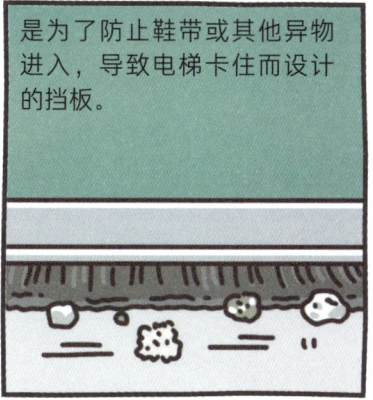

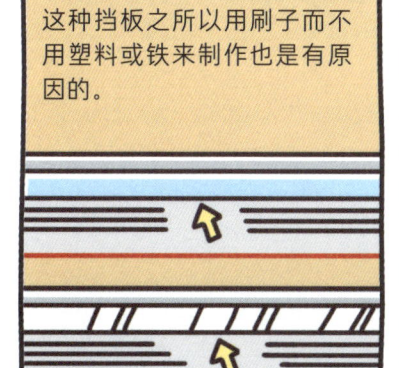

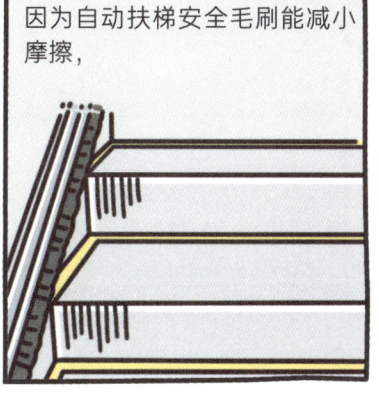

大家在商场或地铁站看到过我吧？

我是自动扶梯。

但是大家乘坐我的时候没发现哪里有点奇怪吗？

那就是刷子！我的身上挂着像清扫工具似的东西！

偶尔能看到有人用这个刷子擦鞋……

在此提出警告，以后请不要再这样做了！

这个刷子叫自动扶梯安全毛刷，

是为了防止鞋带或其他异物进入，导致电梯卡住而设计的挡板。

万一哪天在自动扶梯安全毛刷上擦鞋时脚被卷进去……想想就好可怕！

这种挡板之所以用刷子而不用塑料或铁来制作也是有原因的。

因为自动扶梯安全毛刷能减小摩擦，

所以即使鞋子碰到毛刷，一定程度上也能阻止其被卷进去。不过还是要时刻小心哦！

47

问题 20
咖啡干涸后为什么会形成环状？

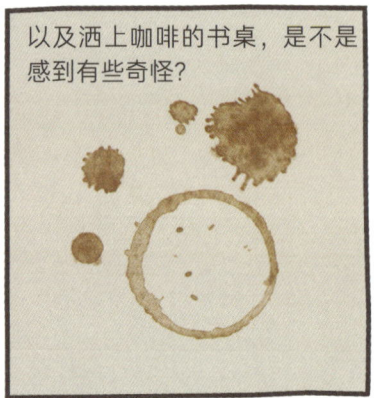

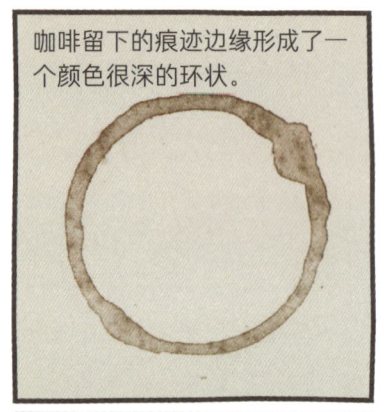

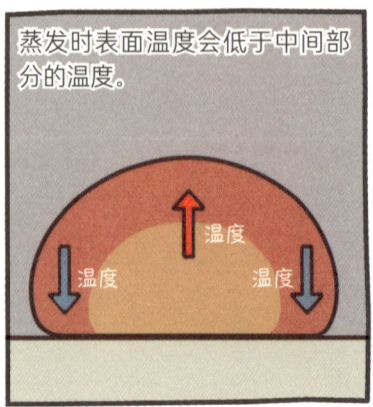

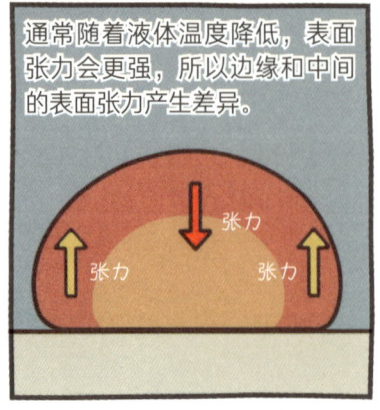

如果仔细观察咖啡杯底，	杯子周围，	以及洒上咖啡的书桌，是不是感到有些奇怪？
咖啡留下的痕迹边缘形成了一个颜色很深的环状。	其他液体的痕迹边缘却不会形成环状…… 真的，水留下的痕迹边缘没有环状呢。	为什么咖啡变干后会形成环状呢？ 是啊，为什么呢？
咖啡等液体溅出来后，不管掉落到什么地方，通常呈这种扁扁的半球形。	随着时间流逝会蒸发消失掉。 蒸发	但是你没有亲眼见过是怎样蒸发的吧？ 因为那个是肉眼看不到的！
因为液滴边缘和空气的接触面积大，所以表面蒸发得更快。	蒸发时表面温度会低于中间部分的温度。	通常随着液体温度降低，表面张力会更强，所以边缘和中间的表面张力产生差异。

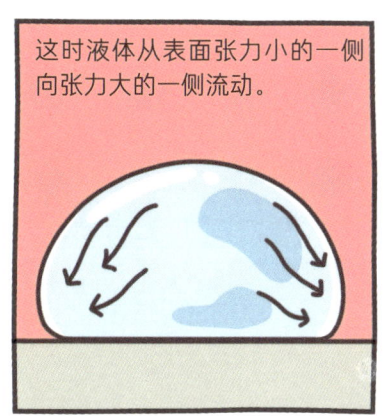

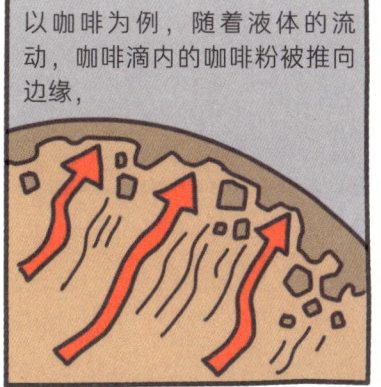

这时液体从表面张力小的一侧向张力大的一侧流动。

以咖啡为例,随着液体的流动,咖啡滴内的咖啡粉被推向边缘,

于是就形成了这样的环状。

咖啡粉

其实这样的现象并不只存在于咖啡中,

嗯,是的……

咖啡啊,这是真的吗?

含有微小灰尘的水滴也会形成环状痕迹,见到过有水痕的玻璃杯吧?

不过还是咖啡最容易产生这个现象,因此被称为"咖啡环效应"。

因为咖啡才知道了这个现象,所以我们就这样称呼它吧。

咖啡环效应是指像咖啡一样,含有圆形粒子的液滴在蒸发后形成环状痕迹的现象。

是像我一样的圆形才可以。

如果粒子的形状变化,污迹也会改变。

那么这个是什么粒子呢?

其实细长的粒子不会出现咖啡环效应,

我完全没有。

粒子会在整个表面堆积形成一整块,而不是只在边缘处。

不过,如果加入肥皂之类的表面活性剂,长粒子就能像圆形粒子一样形成环状痕迹了。

我们两个一起就能形成环了。

虽然不起眼,但在纳米、半导体等高科技中会用到这个原理。

所以说看起来再微不足道的东西,也会有自己的用处。

问题 21
卫星天线为什么像个圆盘？

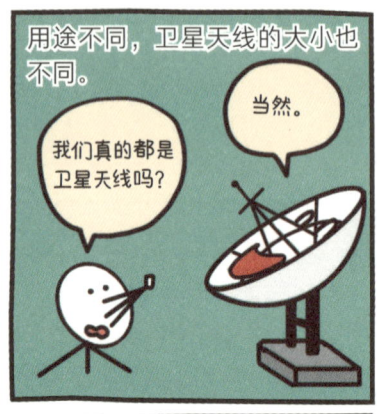

你好！我是卫星天线。

我是为了接收人造卫星传来的电波而制造出来的。

从为了看卫星电视，在家里或者野营地使用的小型卫星天线，

到卫星运行控制中心、通信卫星基站使用的30米以上的大型卫星天线，

用途不同，卫星天线的大小也不同。

当然。

我们真的都是卫星天线吗？

但一眼看过去就能发现，所有的卫星天线都有一个共同点。

共同点？

那就是长得都很像圆盘！卫星天线也被叫作抛物面天线。

地球上最大的抛物面天线位于中国。"中国天眼"FAST射电望远镜口径就有500米！

你知道卫星天线为什么要做成圆盘的样子吗？

肯定是有原因的。

那就是为了收集并强化电波。

我进入那里的话可以变强吗？

从侧面看就能发现天线盘呈抛物线状。这个抛物线能反射电波，并将之聚焦到中间。

抛物线形状

因为不管多微弱的电波，聚焦到一个地方后都能使之增强。

怎么样？聚沙成塔，积土成山。

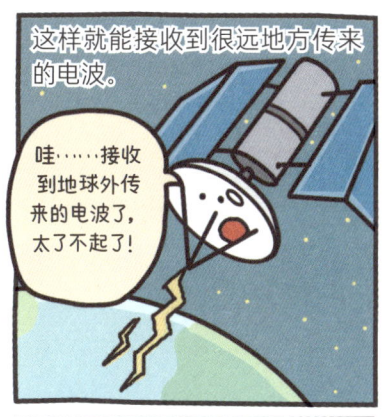

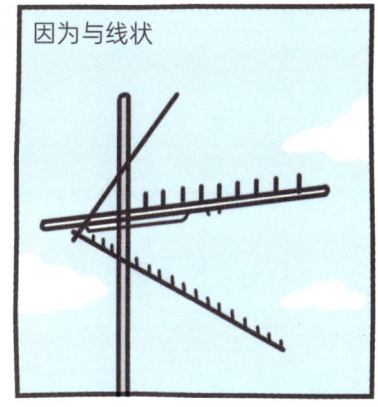

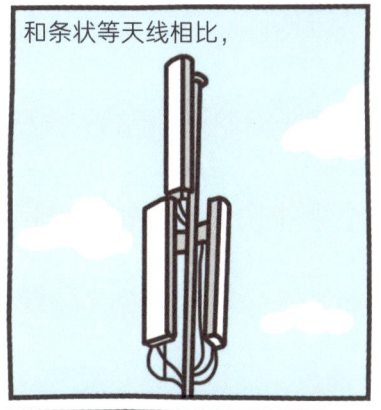

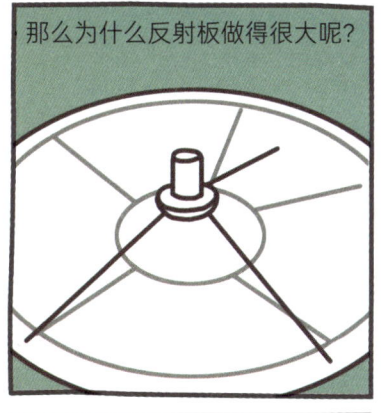

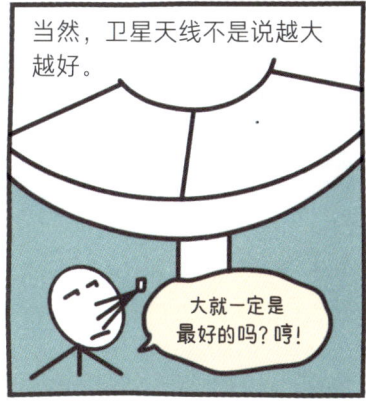

这样就能接收到很远地方传来的电波。 哇……接收到地球外传来的电波了，太了不起了！	当然也有形状独特的卫星天线，但是大多都是圆盘形状。 像我一样造型独特的可不多。	因为与线状
和条状等天线相比，	圆盘状的卫星天线能更好地接收远方传来的信号， 甚至很远星球的电波也能捕捉到！	让电波能聚焦到中间。 我之前说过了吧？都是有原因的。
那么为什么反射板做得很大呢？	反射板之所以这么大，是为了收集更多的电波！	当然，卫星天线不是说越大越好。 大就一定是最好的吗？哼！
大小与作用匹配的卫星天线才是好的天线。 听起来很对呢！	所以，卫星电视用的小型卫星天线也好，	射电望远镜使用的大型卫星天线也好，都是完成任务的好卫星天线。

问题 22
相同的产品为什么外包装样子不同？

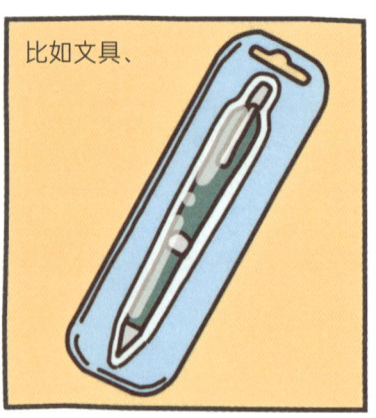

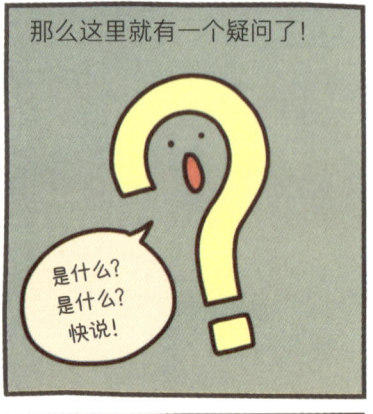

我们购买的商品大多都是包装好的。

比如文具、

冰激凌、

咖啡、

药品，等等。

它们使用铝、纸张、塑料等不同的包装材质。

那么这里就有一个疑问了！

是什么？是什么？快说！

你看到过同样的商品，但包装却不同的情况吗？

有这种情况吗？

比如肉，

或者零食的不同包装。

薯片　薯片

为什么要这么麻烦呢？

就是说啊，随便装起来不就行了嘛！

你到底藏着什么样的秘密呢？

薯片

52

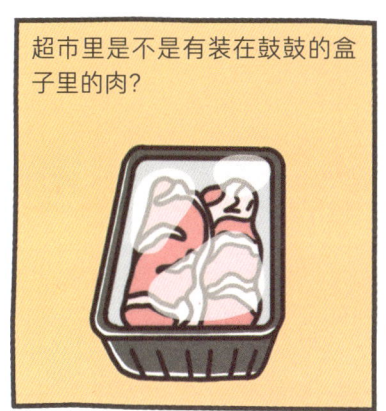

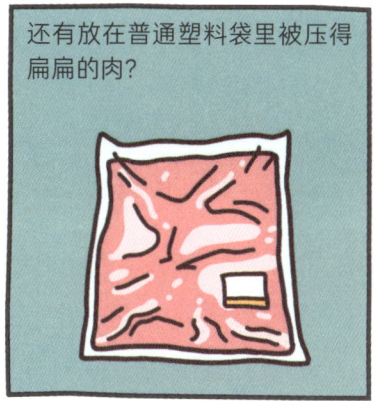

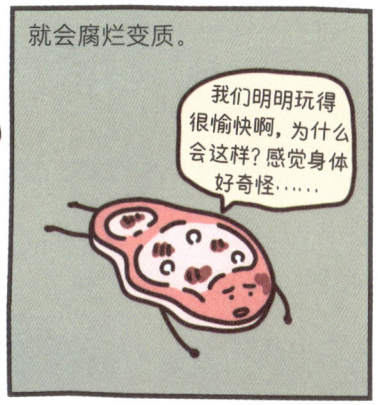

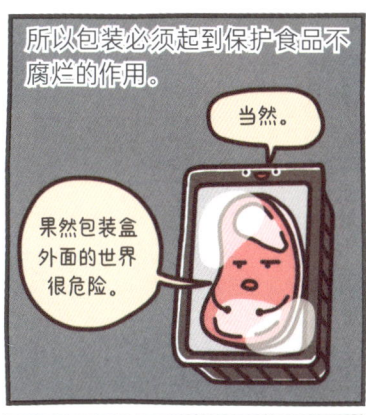

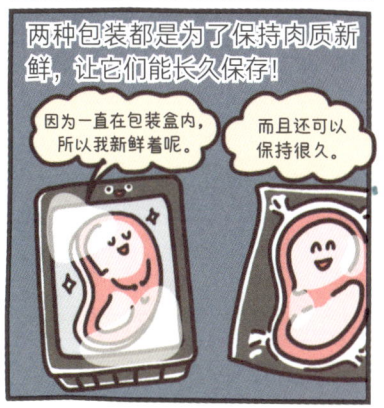

超市里是不是有装在鼓鼓的盒子里的肉？	还有放在普通塑料袋里被压得扁扁的肉？	虽然外包装不同，但这两个包装的目的却是一样的。 为什么会这样呢？这是一个值得思考的问题！
新鲜肉类如果长时间接触空气， 我们一起玩耍吧！ 好啊，一定很有趣！	就会腐烂变质。 我们明明玩得很愉快啊，为什么会这样？感觉身体好奇怪……	所以包装必须起到保护食品不腐烂的作用。 当然。 果然包装盒外面的世界很危险。
两种包装都是为了保持肉质新鲜，让它们能长久保存！ 因为一直在包装盒内，所以我新鲜着呢。 而且还可以保持很久。	这种鼓鼓的包装是高氧气调包装。 我就是高氧气调包装！	将包装容器内的空气抽走， 空气全部出去！ 嗯嗯，知道了。
然后再注入80%的氧气和20%的二氧化碳。 从现在开始，实行8名氧气和2名二氧化碳一起入场的规则！ 好的！！！	氧气能维持肉的颜色。 肉肉啊，我们是氧气。我们是来帮你，让你不失去漂亮的鲜红色的。	二氧化碳则起到杀死微生物的作用。 微生物们，统统受死吧！！！

这样包装既能保持肉的新鲜度，又能延长保质期。
放了几天，吃起来还是很美味！太棒了！
扁平的包装叫作真空包装。
我是真空包装！
是将空气从包装里抽出来后，
你们还不都赶快出去？
马上出去，马上走！这里也开始驱赶了，哎哟！
直接包装起来的。因为没有引发腐烂的罪魁祸首，所以能延长保质期。
喘不过气来了，晕晕乎乎的。
什么？肉的颜色很奇怪？不用担心。撕开包装，肉的颜色就会恢复原样。
怎么样？现在是不是缓过来点了？
嗯！
如果使用绝对真空包装的话，肉类保存6～10周也没有问题！
都买了2个月了，好像还是好好的呢？
但新鲜度略逊于使用高氧气调包装的肉。
味道还可以。
我们再来看看薯片吧。
我们都是薯片，但是长得却不一样！
有放在鼓囊囊包装袋里的薯片，
也有放在长筒罐里的薯片。
用这两种包装也是为了延长保质期，
零食的保质期通常是6个月，真长啊。
维持零食口感，
嗯，脆脆的！太喜欢了！

但是更重要的目的是保护零食! 我们两个都是!	因为鼓鼓的塑料包装能吸收冲击,所以能阻挡零食被粉碎。 毫发无伤!	筒是圆柱形的,也能很好地承受冲击。 这种程度根本不算什么。
虽然长得不一样,但是薯片的这两种包装都需要充气。 别骗人了。	是真的!都是将包装容器里的空气抽走, 走!你们都出去! 好,马上走!	然后填充满氮气。 我是氮气,我会代替你们进入包装中。
于是塑料包装鼓囊囊的,筒内也充满了氮气。	薯片也和肉一样是食物,所以遇到空气, 薯片你好呀!我们一起来玩耍吧! 啊,不行……	自然也会腐烂。 我们去愉快玩耍啦! 我明明说了不行的,为什么……
如果像肉一样,用真空包装代替氮气包装的话, 马上就要开始抽真空了。 快停下!!!	薯片就会全都碎掉。 咬哟,抱歉!	而且薯片和肉的成分不一样, 我和你完全不同!

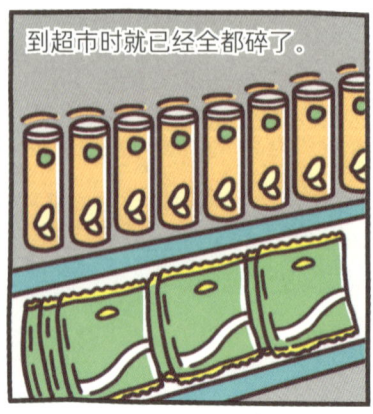

没有必要使用高氧气调包装。 氧气对我来说是坏蛋！	所以用氮气代替了氧气。 看到我刚刚的跳水姿势了吗？	大家有这样的经历吗？撕开鼓鼓的薯片袋后，
发现与想象中的量相比，	袋子里的薯片要少多了，非常失望， 什么？	甚至让人火冒三丈。
但是希望你不要生气。 请不要再发火了！	如果我们装的薯片像大家想象的那么多， 看！里面薯片有这么多！ 真的！	虽然能尽情地吃很多薯片，但是只能吃到碎片了。 满满当当
也就是说，薯片从工厂出发，	到超市时就已经全都碎了。	大家也不想吃到这样的薯片吧？ 谁要吃这样的薯片！ 薯片

问题 23
饼干上为什么有孔？

大家好！我是饼干。	今天我们一起来了解一下我身上的这些小孔吧。	到底为什么饼干上会有小孔呢？
我们亲自品尝一下就知道了。	这是有孔的饼干。	这是没有孔的饼干。
外表上就有很大区别，对吧？	品尝后感觉怎么样？	有孔的饼干虽然看起来很普通，但是没有孔的饼干没有味道，太难吃了！呕……
哈哈哈！当然会这样啦！因为空气和水分会通过这些小孔蒸发，能让饼干更脆。	而且能让饼干从里到外熟得均匀，所以不管吃哪一个位置味道都一样好。	怎么样？原理真的很简单吧。 结实 结实

问题 24
3D打印机为什么有这么多样子？

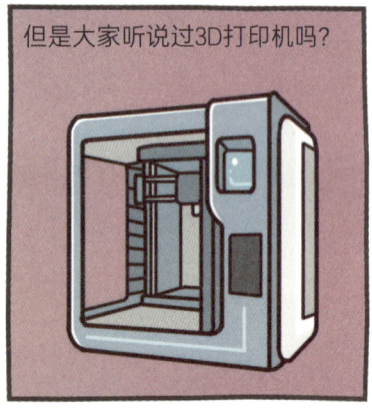

打印机是

能打印文字

或者照片的机器。

在纸张之类的平面上，

使用墨水，

勾勒出图画来。

但是大家听说过3D打印机吗？

3D打印机和普通的打印机完全不同！

把我和这种老古董进行比较，简直是失礼！

3D是指非平面的立体，

嘿嘿

我们生活的世界就是3D——三次元世界。

那么3D打印机是做什么的机器呢？

问我是做什么的机器？

就是打印物件的机器！

是不是就像变魔术一样？

58

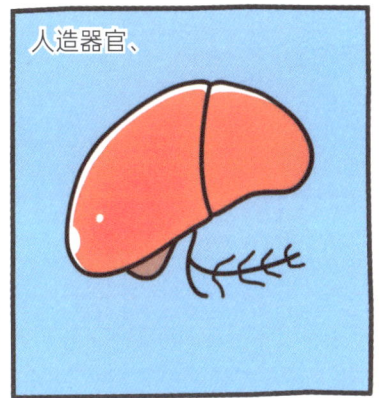

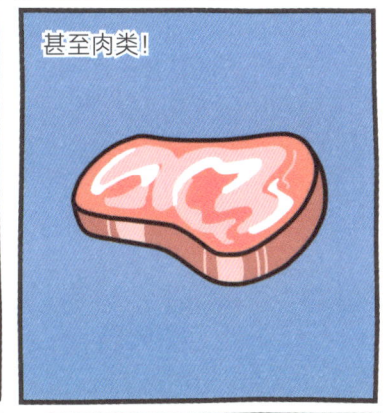

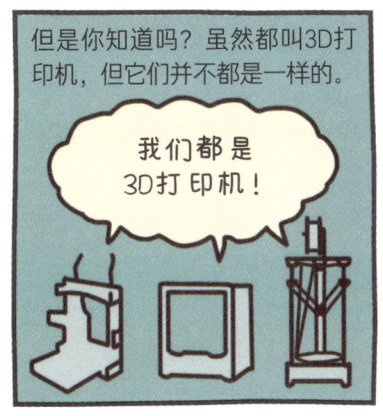

可以打印飞机、	自行车、	人造器官、
枪、	零食，	甚至肉类！
没有什么是我不能打印的！想想就觉得我自己很了不起！	只要有材料和设计图，不管什么东西，3D打印机都能打印出来。	这种无所不能的程度，几乎可以称得上是圣诞老人了！
但是你知道吗？虽然都叫3D打印机，但它们并不都是一样的。 我们都是3D打印机！	从非常小的3D打印机，	到非常大的3D打印机都有！

如果要制作物品的话，
嘎吱
吱
有按设计图修剪材料制作的，
吱
吱
吱
也有按设计图
直接打印出来的。
嗡
嗡
嗡
同样是3D打印机，为什么会有这种区别呢？
都是3D打印机，怎么却这么不同呢？
这是因为不同的3D打印机工作原理不同。
我要把物品做得特别一点！
3D打印机想要打印物品，首先必须了解这个物品长什么样。
哎呀，原来你长这样啊！
3D打印机了解物品外形的方法只有一个。
不管哪种3D打印机，都只有这一个方法！
那就是看人们制作的设计图。
看这个设计图。
好的！我现在开始准备制作物品。
有趣的是，人们制作设计图的方法有两种：
用什么方法来制作设计图呢？
一，自己设计，
每个部件我都要亲自设计！
哒
哒
哒
二，用扫描仪扫描物品。
为什么要自己做呢？扫描不就行了。

扫描的方式有3种： 连扫描仪都有这么多种啊。	探针、 嗡嗡 嗡嗡	激光反射，
以及照相！ 咔嚓 咔嚓	因此根据是否有扫描仪， 你有扫描仪吗？ 当然。	以及是什么样的扫描仪， 有什么样的扫描仪呢？
来区分不同的3D打印机。 反正和我没关系，因为我没有扫描仪！	如果3D打印机识别出了物品的形状， 嘿 很好，完美识别出来了。	就可以开始打印物件了。 从现在起就是工作时间了。
3D打印机在打印之前，会把设计图上想要制作的物品， 想要制作我？谢谢你啊！但是，用那个刀要做什么？	进行切割， 嚓嚓 嚓嚓 哎呀！	然后分析。 嗯，变成这样了！

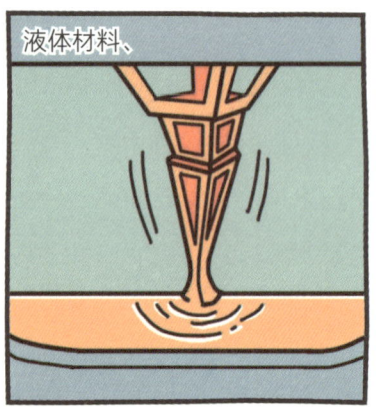

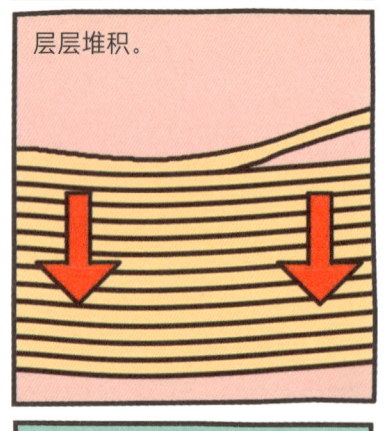

分析结束后,就要进入打印环节了。 OK!分析完成!现在真的要开始啦!	打印的材料也大致分为4种: 等一下!材料还没确定!	粉末材料、
液体材料、	细线材料,	以及削断的块状材料!
使用粉末、液体、细线材料时通常用材料堆积法来打印, 给大家展示一下。	用材料做成非常薄的膜,	层层堆积。
虽然你可能不知道这是在做什么, 这是做的什么?	但是静静等待就会发现,这就像盖楼一样,从最底部开始一层一层建起来。	结束打印后,就会出现一个和设计图完全一样的物件。 活脱脱一个模子出来的!完全一样!

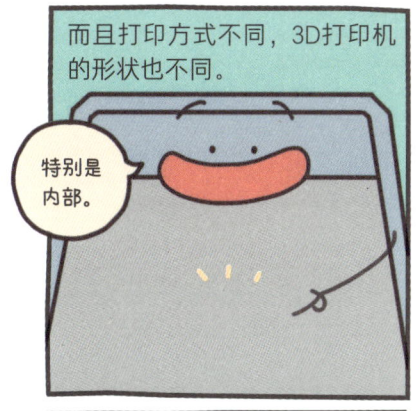

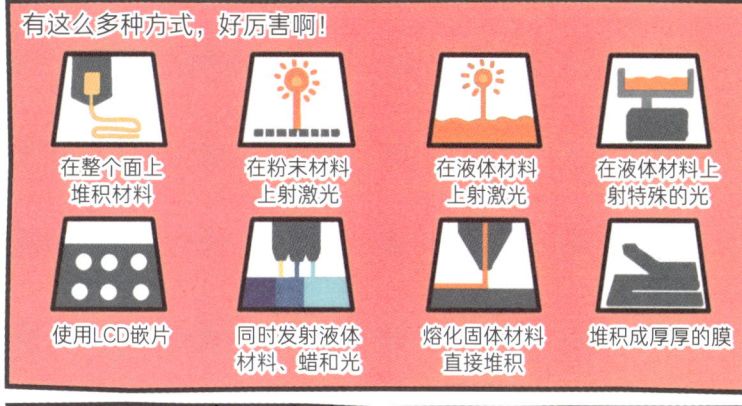

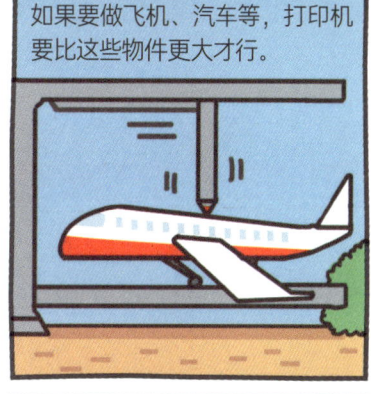

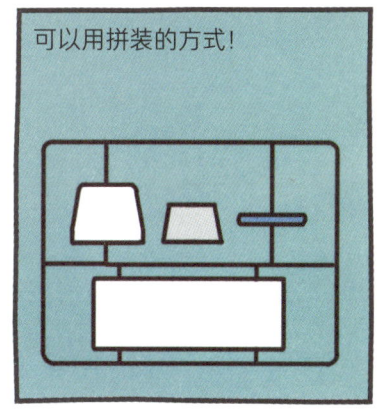

而且打印方式不同，3D打印机的形状也不同。 特别是内部。	有这么多种方式，好厉害啊！ 在整个面上堆积材料　　在粉末材料上射激光　　在液体材料上射激光　　在液体材料上射特殊的光 使用LCD嵌片　　同时发射液体材料、蜡和光　　熔化固体材料直接堆积　　堆积成厚厚的膜	
这里还要再说明一下，材料的材质也很重要。	因为使用的材料不同，3D打印机的零件也会不同。 像我这样以铁为材料的话，因为要在高温下运行，所以会厚一些。	好多令人震惊的知识啊！ 还有什么呢？
如果要做杯子、碗、锅之类的物件，3D打印机小一点也没事。	但是如果要做垃圾桶、洗衣篮之类的物品，打印机也得变大才行。	如果要做飞机、汽车等，打印机要比这些物件更大才行。
插播一个很有趣的事情。 3D打印也可用于珠宝制作哦。	并不是说制作体积大的物品就一定需要很大的3D打印机， 怎么做？ 我也可以做出你来。	可以用拼装的方式！

63

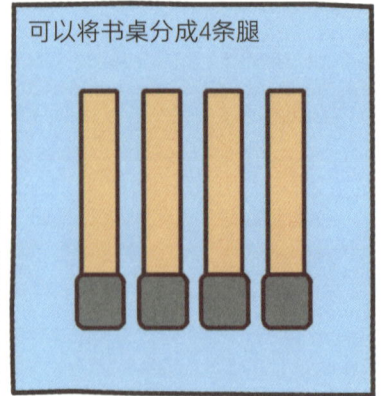

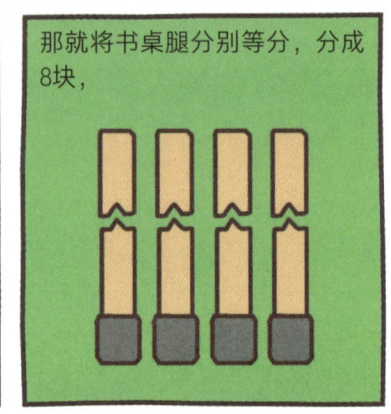

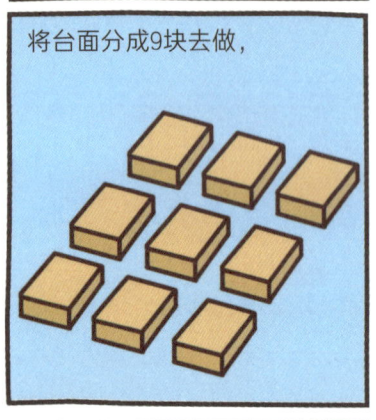

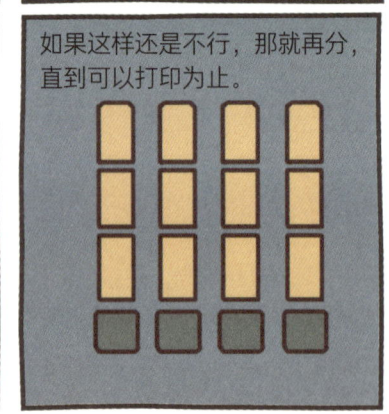

举个例子，如果想要做一张书桌， 可以做吗？	可以将书桌分成4条腿	和腿上放置的台面，然后分别去打印制作。
做好后拼装起来就成了一张书桌。	如果这样还是太大怎么办？ 好像是哦。 一条腿也太大了……我打印起来很费劲。	那就将书桌腿分别等分，分成8块，
将台面分成9块去做，	然后再粘起来就可以了！ 真聪明！	如果这样还是不行，那就再分，直到可以打印为止。
当然，这样需要花费的时间可能比较久。 有做这个的功夫还不如直接买一张书桌呢。	所以为了方便制作，还是用大小匹配的3D打印机更好吧？	怎么样？现在知道3D打印机为什么有这么多样子了吧？ 3D打印机的世界真厉害！

问题 25
降落伞上为什么有洞?

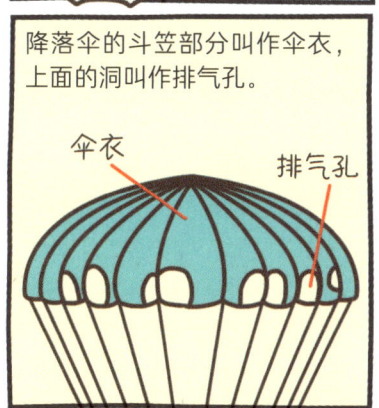

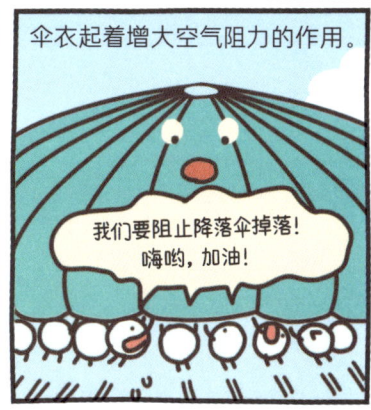

第1格: 三、二、一!跳! 嗖 嗖

第2格: 啊啊啊! 咻

第3格: 嗖 嗖

第4格: 嗯?

第5格: 哎呀,我死定了!我的降落伞上有洞!

第6格: 别慌!降落伞本来就有洞! 你说什么?

第7格: 降落伞上没有洞才更危险呢! 没错,那样就真的要出事了。

第8格: 降落伞的斗笠部分叫作伞衣,上面的洞叫作排气孔。 伞衣 排气孔

第9格: 伞衣起着增大空气阻力的作用。 我们要阻止降落伞掉落!嗨哟,加油!

第10格: 能减缓下落速度, 多亏了空气,速度才减慢了!

第11格: 能让人安全降落到地面上。 呼,万幸,终于安全到达了。

第12格: 所以常常有人觉得降落伞的伞衣越大, 等一下,如果伞衣非常大的话……

65

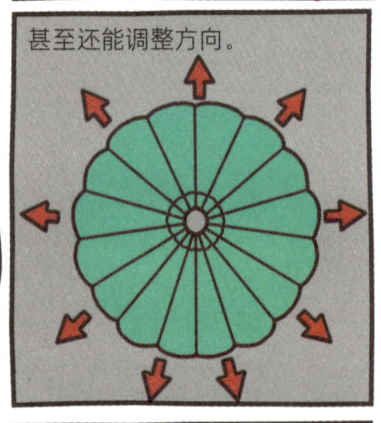

空气阻力就越大,人就越安全。 "如果特别大,是不是就会很安全?"	但是如果伞衣过大,重量也会增加,体积也会变大,反而更危险。 "背包太大、太沉了。这能展开吗?"	最重要的是,降落伞很难操控,所以太大是不行的。 "嗯?不能去那个方向啊!"
为了能操控降落伞,就产生了排气孔。 "所以有了我们的存在。"	排气孔能调节降落伞遇到的空气阻力, "下落的速度太快了!这个时候……"	系着降落伞的人能通过打开或关闭排气孔来进行调节。 "需要调节排气孔!"
通过这种方式,气流顺着降落伞的排气孔流走,	不仅能调节速度, "如果打开排气孔,下落速度会加快,关上的话速度则会变慢。"	甚至还能调整方向。
如果打开降落伞后方的排气孔,空气会从那里喷出去,推动降落伞往前走;	如果堵住右边的排气孔,降落伞能往右转;	如果堵住左边排气孔,降落伞会往左转。

因为有了排气孔，降落伞才能安全地降落到准确地点。
多亏了我们才能安全降落。
如果没有排气孔，那么将无法调节降落速度和方向。
怎么回事？这个为什么这样？
不知道！现在什么也做不了！
而且伞衣会持续膨胀，
得膨胀到什么时候啊？
降落伞会在天上飘很长一段时间，
我什么时候才能降到地面上呢？
而且可能降落到你意想不到的地方。
呼，我就知道会这样！
你知道吗？降落伞并不是为了尽可能慢地降落而做出来的。
方便操控很重要！
降落伞是为了安全到达目的地而制作的，所以排气孔非常重要！
也可以看作是和汽车一样的交通工具。
为了安全，降落伞并不是由一块巨大的布制作而成的，
我其实有很多片。
而是将细长的布条或三角形布块密密缝合而成的。
把我们缝合起来……
变成了降落伞！
为了防止撕裂后小孔持续变大，所以用小碎片缝制而成。
看看这个，有这么多碎片呢！
如果是用一块巨大的布制作，即便只是一个针眼大的小孔，最终也可能变成巨大的洞，从而造成重大事故。
直接关系到生命安全的降落伞，果然任何一处设计都是有道理的。
活下来了！万幸啊！

问题 26
纸杯口边缘为什么是卷着的?

纸杯口边缘为什么是卷起来的?卷边的话用的材料不是更多吗?

你似乎很好奇纸杯口边缘为什么是卷着的,对吧?

为什么会这样呢?

纸杯工厂当然也想要少用材料,如果少用点材料,那么成本更低,而且还能制造出更多的纸杯来,真是一举两得啊!

但是最终还是用了更多的材料来将边缘卷起来。

这里是蕴含科学原理的!

科学

你将卷起来的位置展开就能明白了。

怎么样?手用力抓的瞬间纸杯就瘪了,很难握牢纸杯吧?

但是将纸杯口边缘卷起来后,纸杯的强度提高了!

结实 结实

纸杯口边缘折叠起来也会产生同样的效果,

但用同样的纸,要想支撑力更大的话,那么卷成圆形比叠成方形效果更好。

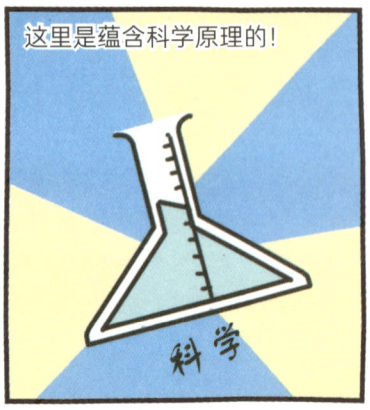

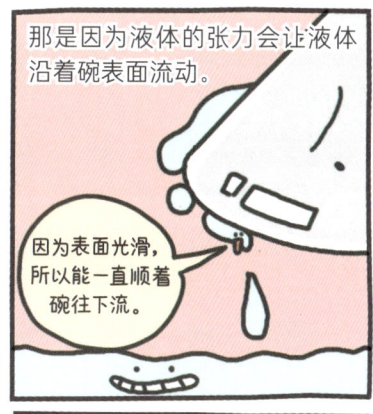

不仅如此，把边卷起来还能防止倾倒时杯子里的液体洒出来。	从一个碗往另一个碗倒汤时，汤会从碗边流出去吧？	那是因为液体的张力会让液体沿着碗表面流动。 因为表面光滑，所以能一直顺着碗往下流。
但是因为纸杯口边缘是卷起来的，所以液体很难越过去。 没法越过卷起来的部位。	所以从纸杯往外倒液体时不用担心会洒出来。	将纸杯口卷起来的位置展开后再喝饮料试试，饮料可能会漏出去，流到嘴巴周围。 哎呀！
而且锋利的边缘很可能划伤嘴角或手。 哎呀！	纸杯口边缘卷起来的位置还可以悬挂在自动贩卖机爪子上， 哐当	饮料很烫时还可以充当把手，所以这个小小的卷边真的很了不起呢！ 滚烫 滚烫
现在再来看看纸杯凹进去的底面，这里也蕴含了科学原理哦。	这个凹进去的底面可以防止纸杯里的液体接触桌面，能让温度维持更久。 真的没有接触呢，这就是我的作用！	如果人们把杯子放在桌上的话，

69

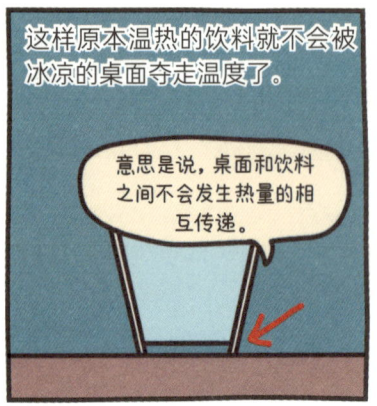

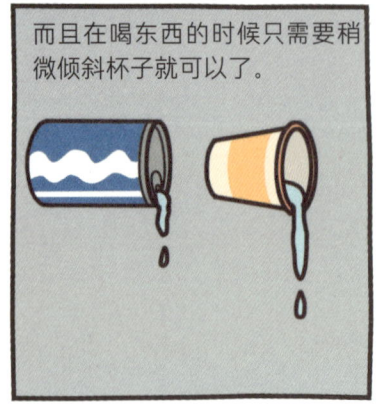

这样原本温热的饮料就不会被冰凉的桌面夺走温度了。 意思是说,桌面和饮料之间不会发生热量的相互传递。	如果是凉爽的饮料,放在桌上一会儿我们还能享受到凉爽的饮料。 哈,好爽!	而如果是滚烫的饮料,那么我们能喝到温热的饮料。 哦,真暖和!
当杯子盛满液体时,因为纸的特性,杯底会向下压。	摸一下装着液体的纸杯底部,能感觉到它是微微凸起的。 哇,是真的!	假如纸杯底部是平的,那么即便是一个小小的冲击,纸杯也很容易倾倒。 哎呀!
也就是说,因为纸杯底部是凹进去的,所以能安稳地站立。 原来如此!	纸杯上下的宽度不同也蕴含着科学原理。 我也是倒三角身材吗?	因为上下宽度不同,所以纸杯能很容易地叠放起来,更节省空间。
而且在喝东西的时候只需要稍微倾斜杯子就可以了。	因为纸杯上宽下窄,所以能轻松地用勺子将东西盛上来吃掉。	怎么样?小小的纸杯里藏着不少科学原理吧? 哇……真了不起!

问题 27
运动员身上的胶布形状为什么各不相同?

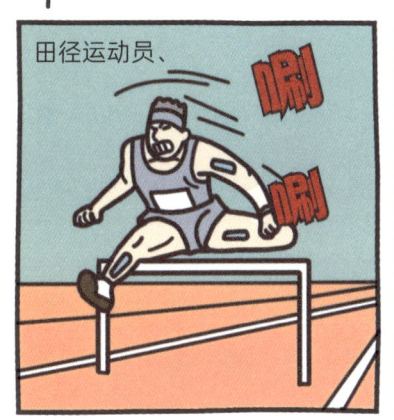

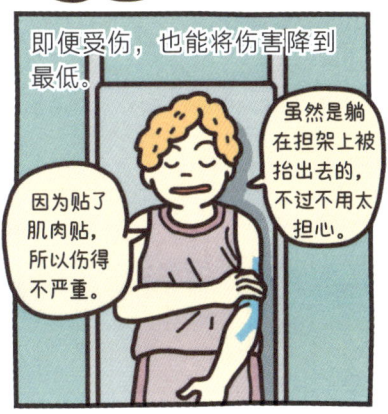

田径运动员、

篮球运动员、

网球运动员等,

他们身上经常贴着胶布。

仔细看就会发现运动员身上的胶布形状都不相同。

运动员们为什么要在身上贴胶布,

不行,你必须贴胶布。

而且形状各不相同呢?

教练,等等!这个形状和上次不一样?

运动员贴的这种胶布叫作运动肌肉贴。

肌肉贴能强化和支撑肌肉,

结实 结实

太好了!我更结实有力了!

还有预防受伤、

多亏了肌肉贴,降低了受伤风险,我可以安心奔跑了。

防止旧伤复发等作用。

虽然大腿受过伤,不过因为有肌肉贴,今天我一定能拿冠军!

即便受伤,也能将伤害降到最低。

因为贴了肌肉贴,所以伤得不严重。

虽然是躺在担架上被抬出去的,不过不用太担心。

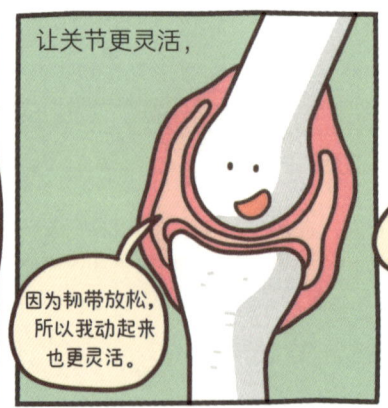

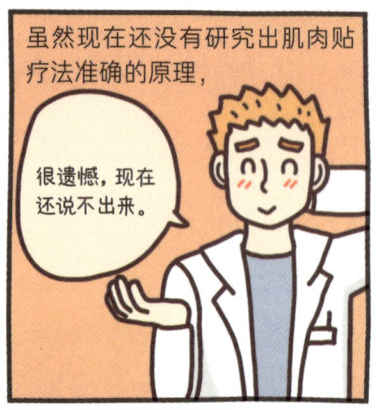

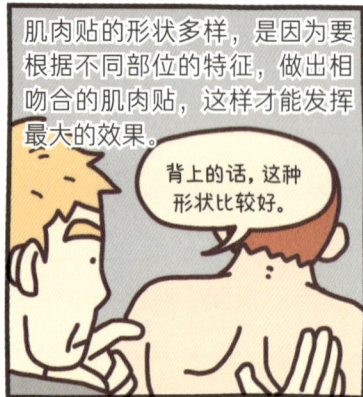

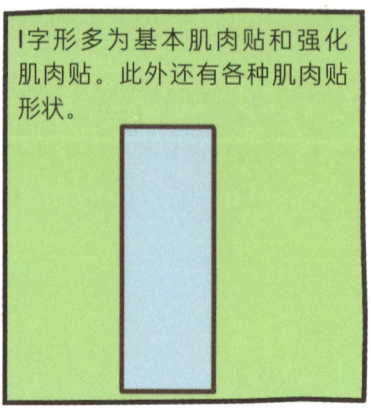

不仅如此，肌肉贴还能保护支撑关节的韧带，减少韧带受伤， 我是把骨头和骨头连接起来的韧带。 这么舒服都是因为肌肉贴啊！	让关节更灵活， 因为韧带放松，所以我动起来也更灵活。	并且减轻疼痛。 确实不那么疼了，太好了。
虽然现在还没有研究出肌肉贴疗法准确的原理， 很遗憾，现在还说不出来。	但是效果却是确定的， 没错！ 没错！	而且能适用于各种部位。 在我们全身各个部位都能看到肌肉贴。
肌肉贴的形状多样，是因为要根据不同部位的特征，做出相吻合的肌肉贴，这样才能发挥最大的效果。 背上的话，这种形状比较好。	Y字形是用得最多的肌肉贴形状，能包裹住肌肉。	X字形主要用在膝盖、胳膊肘等关节部位。
手指形状的肌肉贴虽然使用不多，但是能促进血液循环。	I字形多为基本肌肉贴和强化肌肉贴。此外还有各种肌肉贴形状。	有机会的话，不妨试一下肌肉贴吧！并不是只有运动员才能使用哦。 虽然很麻烦，但是效果真好啊！

问题 28
太空食物为什么是瘪瘪的？

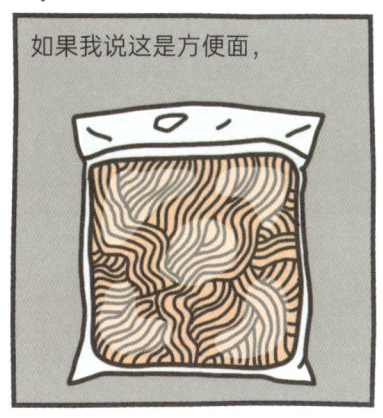

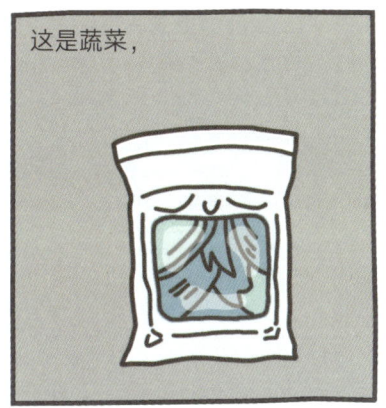

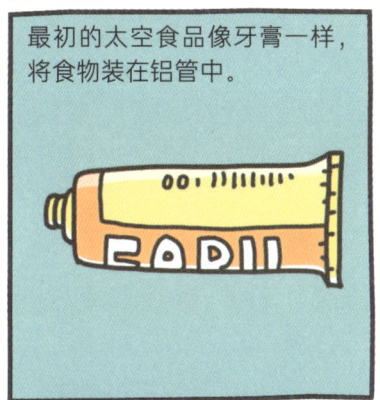

如果我说这是方便面，

这是蔬菜，

这是肉，你相信吗？

相信！这个真的是在太空中吃的太空食品。

最初的太空食品像牙膏一样，将食物装在铝管中。

还有粉末状的食物和一口能吞下的食物。

不过近年来已经改进了很多，

吃这种东西，怎么会有力气嘛！

虽然外形还是很普通，不过种类已经达到数百种之多了。

但是，太空食品为什么长这个样子呢？

做成这样，一看就没有食欲。

最大的原因是，太空是几乎没有重力的失重环境。

失重环境？

我们之所以能过平凡的日常生活，能走路或者奔跑，

都是地球和物体之间相互拉扯的力，也就是重力在起作用。

重力

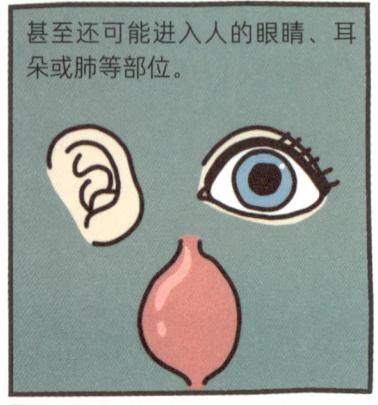

如果没有重力，我们全都会飘浮起来，就像在太空中一样。	在失重的太空中，吃饭时产生的碎渣、	水滴等，在飞船里飘来飘去可是不行的。这是为什么呢？
哎呀，飘起来了！		
碎渣或水滴在四处游走的过程中可能进入飞船的仪器里，导致飞船故障。	甚至还可能进入人的眼睛、耳朵或肺等部位。	如果因此打喷嚏或被呛住，那么可能会喷出更多的水珠，让飞船处于更危险的境地。
啊！怎么这样了！		阿嚏
最坏的情况是，人可能会受到不可逆转的伤害。	所以为了保存方便和保障安全，太空食物中的水分被去除了。	
我一只眼睛看不见了。 / 比我好，我是突然死亡的。	人家原本也是一根新鲜的胡萝卜……	呕，这个怎么吃啊！
不用太担心，吃之前加点水就能重新恢复原样，虽然不会那么完美。		太空食品做成这样还有一个原因，那就是为了减轻重量。
呃，现在看上去还可以。	出乎意料，味道还不错呢？	可以算作一种减肥吧。

宇宙飞船能承载的重量是有限的， "可以了！装不下了！"	也不能经常用宇宙飞船运送物资。 "所以运输一次就要尽可能多带点。"	而如果运输普通食物，那么宇宙飞船上装不了太多。 "虽然没有装多少食物，但是没办法，出发吧！"
这样到下一次宇宙飞船来之前，航天员岂不是得饿着？ "只有这些怎么坚持到下次补给呢？"	太空食品因为除去了水分，重量减轻不说，体积也更小了，所以一次能运输很多。 "虽然不好吃，但是不用担心饿肚子了。"	此外，普通食物在运往空间站的途中，会因承受不住温度和压力的变化破碎掉。 碎！ "哎呀……"
但是，不要误以为所有的太空食品都是这种皱皱巴巴的样子。 "并不是所有都是这种形状哦！"	也会运送苹果或香蕉之类的新鲜食物上去，不过必须快点吃掉才行。	我们生活中能看到的罐装食品也会被运上去。
汤、饮料等也会被装在袋里送上去，	而且用有锁闭装置的吸管堵住，防止液体洒出来！ 吸	太空食品也在慢慢发展之中。在不远的未来，太空中是不是也能吃到美味且寻常的食物呢？

问题 29
搋子为什么是半球形的？

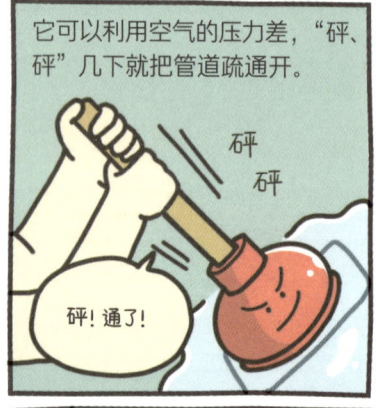

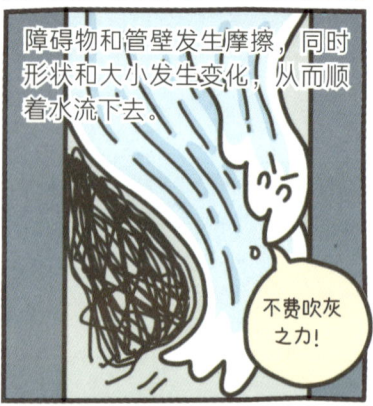

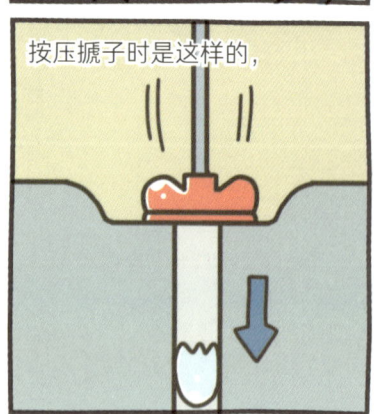

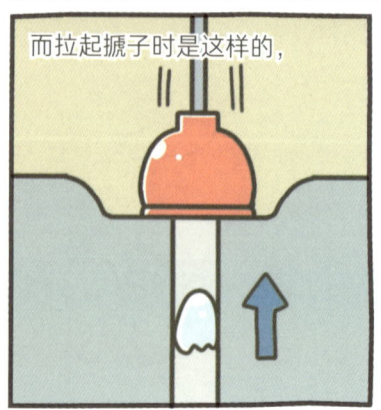

你见过长这样的工具吗？

经常在卫生间看到吧？

那就对了。这是马桶或者水槽等排水口被堵住时使用的疏通工具。

帮帮我！

它的名字叫搋（chuāi）子。

你好！我是搋子。

它的样子是不是特别简约？把一根木棍和一个半球形橡胶粘到一起就行了。

它可以利用空气的压力差，"砰、砰"几下就把管道疏通开。

砰 砰

砰！通了！

水管下方大量空气或水瞬间上涌，挤进水管，

哗 哗

阻挡水流的障碍物被推开，

砰

啊呀！

障碍物和管壁发生摩擦，同时形状和大小发生变化，从而顺着水流下去。

不费吹灰之力！

按压搋子时是这样的，

而拉起搋子时是这样的，

虽然不起眼，但当需要的时候没有它会很难办啊！

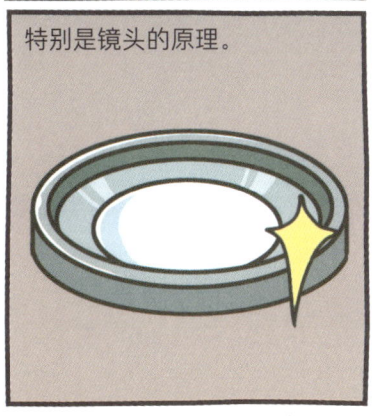

问题 30
照片上为什么会有光斑？

光的直进性是指光在均匀的物质中沿直线传播的性质。
光啊，因为空气是均匀的，所以你只会直行吗？
嗯！
夜晚，打开家里的电灯，黑暗的房间是不是立刻被光照亮了？
哈哈，亮了。
但是如果去其他房间，那里还是黑的。
不开灯的话，连眼前的东西都看不清呢。
黑乎乎
假如光能随意拐弯，那么开一盏灯，所有房间都会被照亮了。
一盏灯就能照亮所有房间？
影子也是由于光的这一性质而形成的。光遇到我们身体这个障碍物，形成了影子。
光，你别想从我身上穿过去！
接下来是光的折射，光的折射是指光改变方向的性质。
等一下！好像有哪里不对劲。
前面刚说光是直行的，现在又说光能改变方向，前后是不是有点矛盾？
是的，有矛盾。
光的折射是指光从一种透明介质斜射入另一种透明介质时，在交界处发生的现象。
这到底是什么意思？
当我们在河边或者海里泡脚时，腿是不是看起来比平时短？
还有插在饮料里的吸管看起来像是被折断了一样。
这些现象都是光的折射造成的。
哦，好像明白了。
光在水中沿直线传播，当光穿出水面的瞬间，遇到了空气这种均匀的物质，于是光拐弯了。

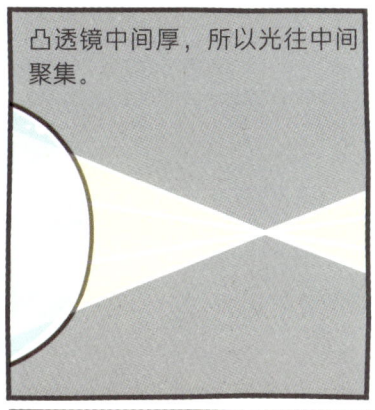

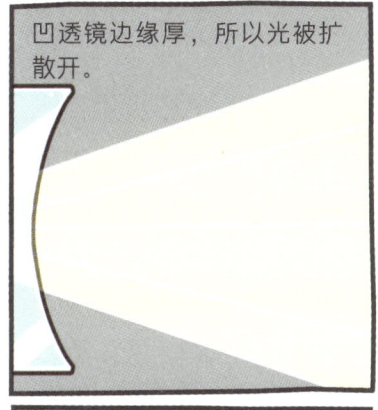

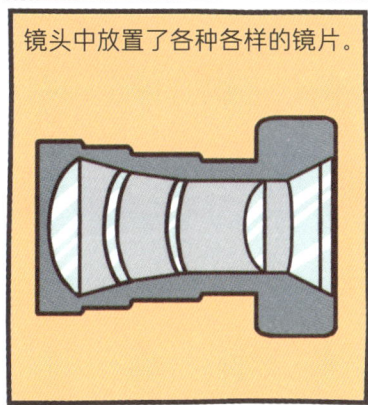

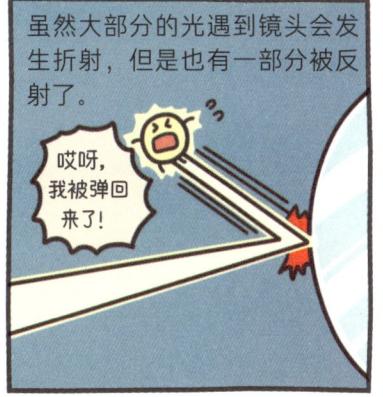

发生偏折的光进入眼睛后，我们常常会误以为物体在其他位置。 *我的腿这么短吗？*	镜头就是利用了光的这种性质，在遇到镜头的瞬间，光会被折射或者反射。 *让光这家伙全都进来吧！*	遇到镜头发生折射的光，会在镜片较厚的一侧弯折。 *这家伙总是往那边去呢？*
凸透镜中间厚，所以光往中间聚集。	凹透镜边缘厚，所以光被扩散开。	利用镜头的这种性质，能让物体看起来更大或更小。
镜头中放置了各种各样的镜片。	虽然大部分的光遇到镜头会发生折射，但是也有一部分被反射了。 *哎呀，我被弹回来了！*	被反射的光会怎么样呢？这些光会通过其他镜片再次被折射或者反射。 *又来！为什么呀！*
所以被反射的光就会在照片中留下痕迹。	那就是刚才你看到的光斑。现在明白了吗？ *太感谢您了，大叔您真亲切！*	我真的以为是鬼，吓了一跳呢。

问题 31
大脑为什么像核桃？

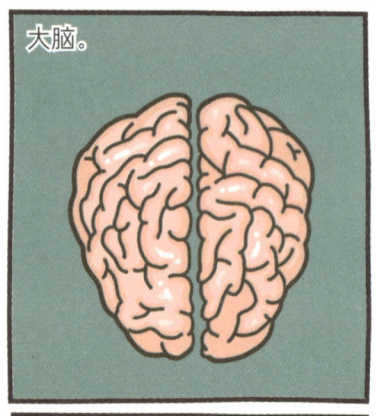

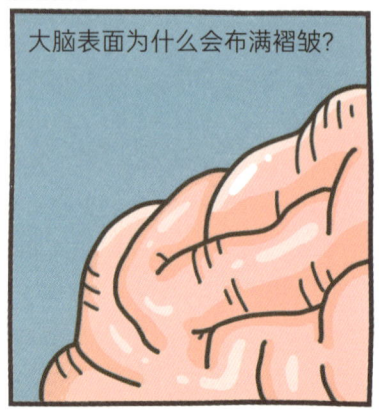

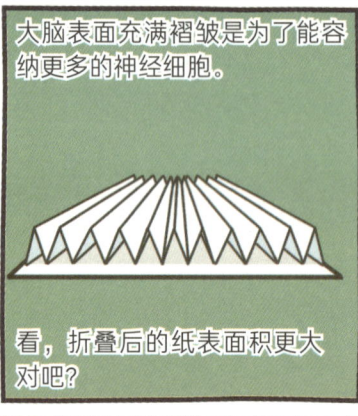

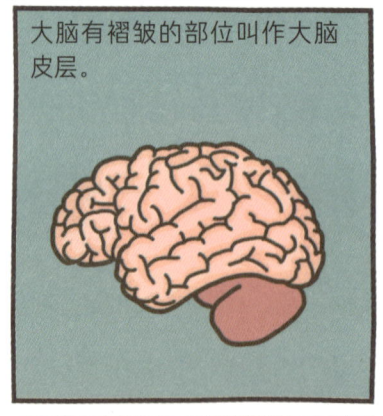

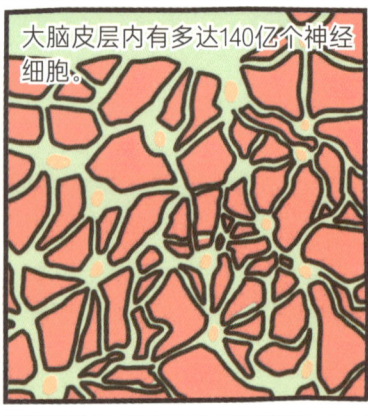

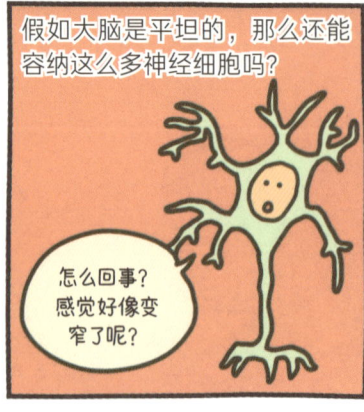

能让我们的身体做出动作，

能够进行学习和记忆，

理解语言从而相互沟通的器官是——

老师好！

大脑。

但是大脑为什么长得像核桃呢？

大脑表面为什么会布满褶皱？

大脑表面充满褶皱是为了能容纳更多的神经细胞。

看，折叠后的纸表面积更大对吧？

大脑有褶皱的部位叫作大脑皮层。

大脑皮层内有多达140亿个神经细胞。

假如大脑是平坦的，那么还能容纳这么多神经细胞吗？

怎么回事？感觉好像变窄了呢？

并不能。因为表面积变小，所以神经细胞的数量大幅减少了。

不是错觉，是真的很窄！现在没法全进来了。

如果大脑变成这样，我们就会变得和其他动物一样了。

问题 32
风力发电机为什么有3个叶片？

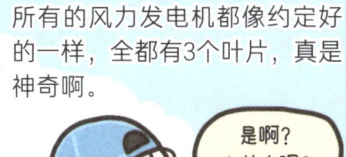

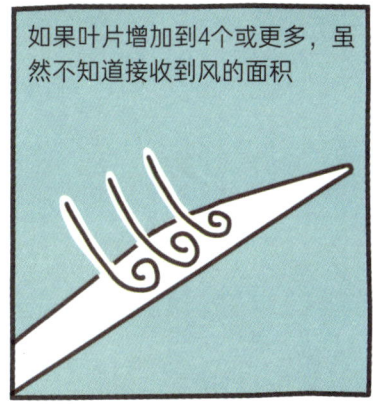

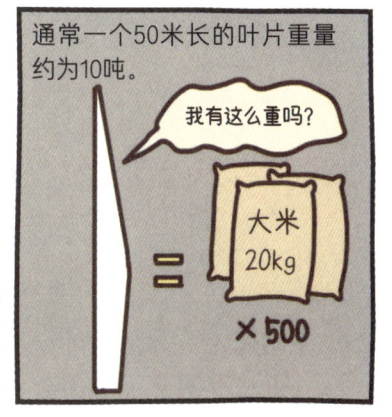

无论是在韩国，	还是在美国，	还是在德国，
所有的风力发电机都像约定好的一样，全都有3个叶片，真是神奇啊。 是啊？为什么呢？	不仅这几个国家是这样，其他国家也一样。	当然，仔细查一查，也会发现不是3个叶片的风力发电机。
不过大多数风力发电机的叶片都是3个，为什么偏偏是3个呢？ 3个是潮流啊！	那是因为在这个状态下，风力发电的效率最高。 这是最适合发电的样子！	如果叶片增加到4个或更多，虽然不知道接收到风的面积
和发电量会不会随着叶片数量增加而增加，	但是因为重量增加，发电效率会下降。 吭哧 吭哧 太重了转不起来……	通常一个50米长的叶片重量约为10吨。 我有这么重吗？ = 大米20kg × 500

81

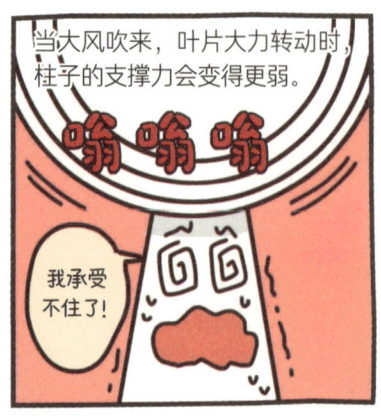

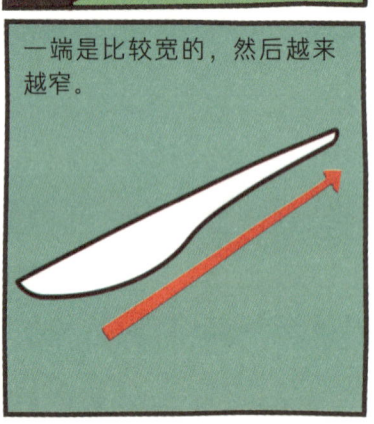

这就相当于一根100米高的柱子支撑了约30吨的重量， 即便如此，这点重量我还是能承受得住的！	但是如果叶片数量增加，再承受更大的重量就会比较困难了。 沉 重 等、等一下！	当大风吹来，叶片大力转动时，柱子的支撑力会变得更弱。 嗡嗡嗡 我承受不住了！
所以支柱可能会弯曲甚至折断， 哎呀！	危险会增加。 原来不是叶片越多越好啊。	德国、美国这样风力发电技术先进的国家使用的也是3个叶片的风力发电机。 我们风力发电机的叶片也是3个！
风力发电机还有一个共同点，那就是叶片的形状。 真的吗？	一端是比较宽的，然后越来越窄。	做成这种形状是出于安全考虑。 因为不能损坏风力发电机。
为了避免被强风折断，风力发电机的叶片是用高强度材料制成的。 不可能比这更结实了。	如果叶片从头到尾都很宽，那么整个叶片都会受到风力冲击，容易折断。 咔嚓 明明是用非常结实的材料做成的呀？	所以越靠近末端，叶片做得越窄，这样就能减小风力带来的冲击。 放马过来吧！

问题 33
耳朵为什么会长得像饺子?

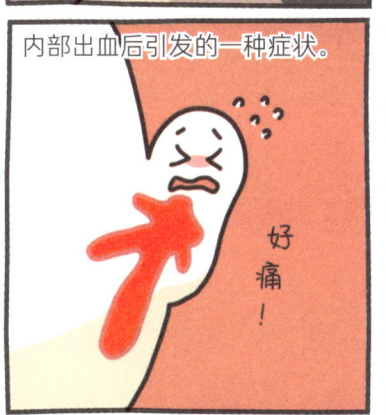

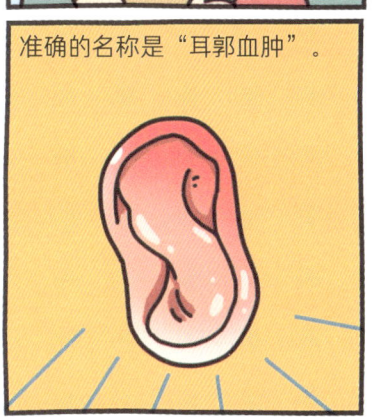

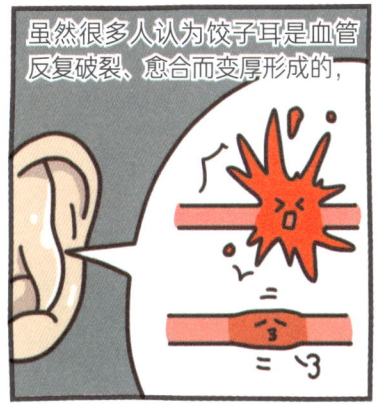

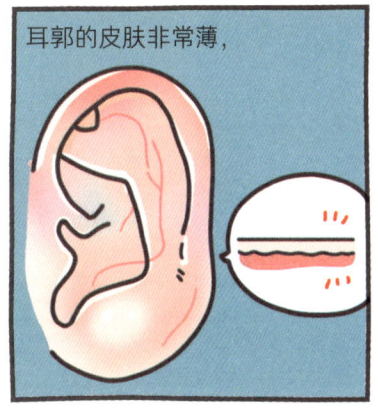

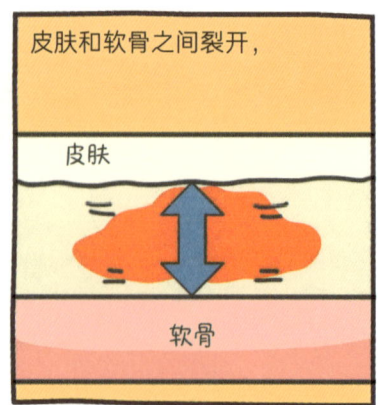

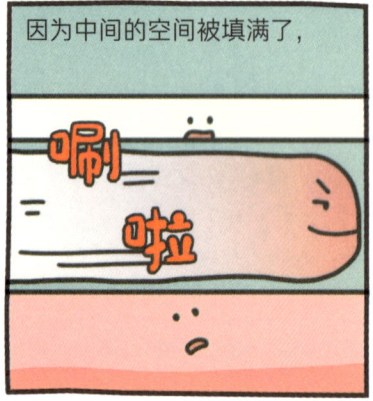

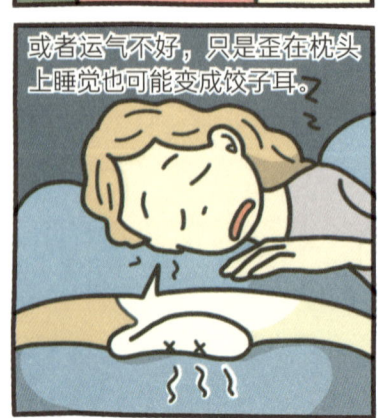

如果内部出血, 皮肤 软骨	皮肤和软骨之间裂开, 皮肤 软骨	就会在内部形成一个空间。
在伤口痊愈的过程中, 放着不管就会好了,不用担心。	耳朵会变厚。 怎么回事？我的耳朵为什么变成这样了？	分离的皮肤和软骨不会再次贴合,
因为中间的空间被填满了, 唰啦	所以饺子耳经常在耳朵容易受到外部刺激的人身上看到。 那是什么样的人呢？	比如摔跤选手或格斗选手。
当然，即便是普通人，如果被球砸到耳朵, 砰	或者运气不好，只是歪在枕头上睡觉也可能变成饺子耳。	万一出现问题，必须立刻去医院，知道了吗？ 哇！叔叔好棒！

84

问题 34
门为什么会旋转?

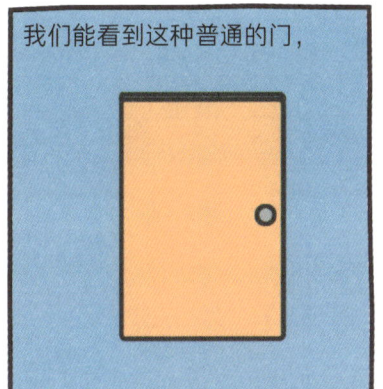

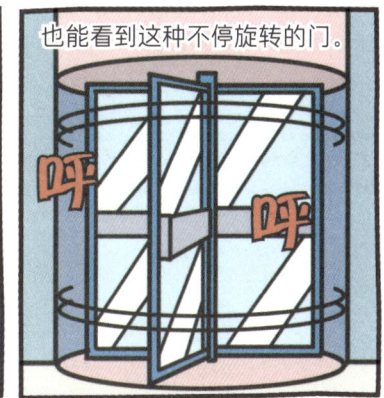

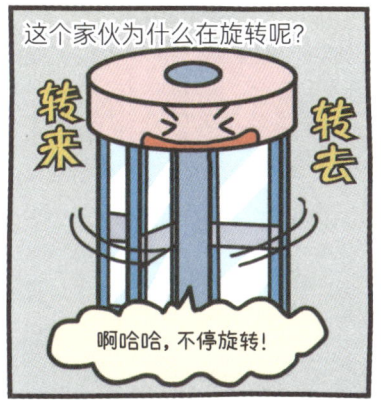

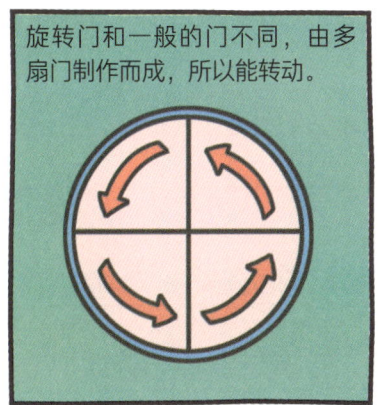

进入一些大厦前,	我们能看到这种普通的门,	也能看到这种不停旋转的门。呼 呼
这个家伙为什么在旋转呢?转来 转去 啊哈哈,不停旋转!	第一次看到的时候觉得很神奇、很有趣。 妈妈!门很快就转走了!	急匆匆 唉,就应该直接开门出去。
如果手动去推的话会很费劲, 嘿哟!	自动的话又太慢了, 到底要到什么时候才能出去啊?	如果有急事,更加让人着急上火! 快憋不住了!什么?居然是旋转门?
旋转门和一般的门不同,由多扇门制作而成,所以能转动。	旋转门真的有必要吗? 是啊,想了一下,好像压根不需要旋转门呢……	你可能也有这样的疑问,不过事实上…… 旋转门出乎意料地有用!

85

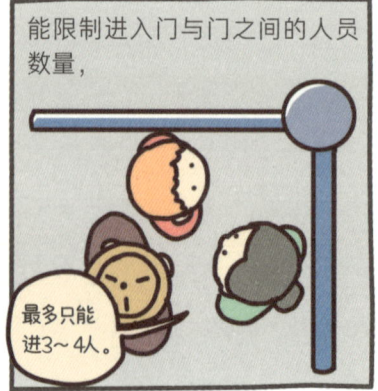

旋转门有其独特的作用， 有些事只有我能做到。	能限制进入门与门之间的人员数量， 最多只能进3~4人。	起到调节人流量的作用。 快点走啊！ 前面没走我怎么走啊？
能降低人们发生拥挤的风险。	旋转门还能调节空气流通。 哇！还能调节我们呢！	人们经常出入的1层， 内 外
如果安装的是普通的门， 如果直接这样使用我的话……	那么夏天大厦内凉爽的空气会跑出去， 呼，逃出来了！	冬天外面寒冷的空气则会挤进来， 好冷啊，正好，我们进去吧！
空调的电费花销就会很大。 这……没错吗？太贵了吧！	但是旋转门就不同了， 啧啧，早该用我了！	即便是人们进来或出去的瞬间，

86

不管什么时候门都是关闭的状态，	所以能让空气的流通量减到最小， 因为没有缝隙，所以很难进去。	也能节省电费。 这就对了嘛！
你要问旋转门节省了多少能源？ 比想象的多多了。	美国某大学就研究了这件事。 走吧！这次的研究课题是旋转门！	统计了一年内一栋建筑里的所有人
通过旋转门	和通过平开门的情况。	和人们通过旋转门时相比，
通过平开门时的空气流通量要比旋转门高8倍多！ 高8倍多的空气出来了！	每次使用旋转门能节约大约0.37度电， 0.37度	相当于能让60瓦的白炽灯亮30分钟。 30分钟？

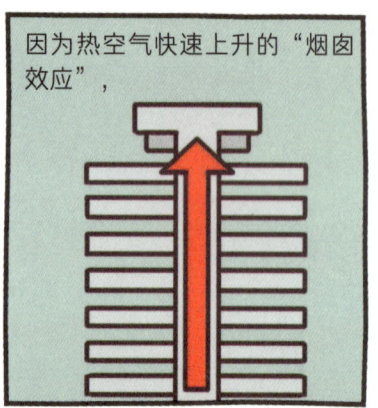

虽然建筑的高度不同，	但是如果使用旋转门，能节约5%～10%的能源，是不是很棒？ 那么用10个月就相当于省下了1个月的能源？	此外，旋转门在高层建筑发生火灾时也能起到大作用。 呼啦啦 哎呀，我的身体！
因为热空气快速上升的"烟囱效应"，	火或有害气体瞬间向下蔓延， 早知道就该将大楼建矮一点了！	人们可能发生危险， 火已经蔓延到这里了……
但是，减少空气流通的旋转门， 虽然我不能灭火，但是可以降低火势蔓延的速度。	能延缓火势的蔓延速度。 嗯？怎么速度完全提不起来？ 不开心	之前一直以为只会傻傻旋转的旋转门， 转吧！滴溜溜地转吧！ 呼呼呼 为什么会这样呢？
却能起到调节空气流通的作用。 本来以为不是什么了不起的事，原来这么伟大啊！	以后再进入某个大楼时看到旋转门， 是旋转门呢！	即便觉得有点麻烦，也还是使用旋转门吧！

问题 35
农田里的超大棉花糖样子的东西是什么？

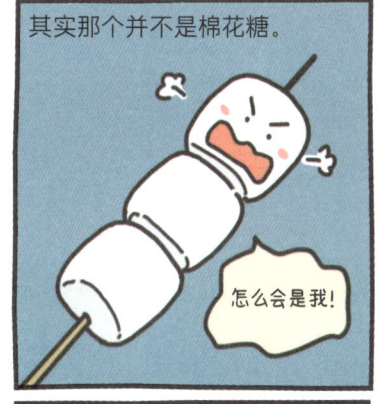

第1格： （汽车行驶在农田边的公路上）

第2格： 哎呀！

第3格： 妈妈！外面有几个超级大的棉花糖！

第4格： （农田里堆着三个白色圆柱形物体）

第5格： 妈妈，妈妈！那是什么？

第6格： 其实那个并不是棉花糖。
怎么会是我！

第7格： 农田里堆着的巨大白色物体是青贮饲料，
更准确地说，我的名字是稻草圆形青贮饲料。

第8格： 是喂给牛等家畜的食物。
嗯？你说我吃的是那个？

第9格： 我们看到的白色部分是塑料袋。撕开塑料袋，里面是植物性饲料。

第10格： 现在你是不是在想："晒干了直接给牛吃不就行了嘛，为什么要做成这样？"
不是！不是！

第11格： 青贮饲料是在冬天植物不生长的时候，
嗯？没有吃的了？

第12格： 为了让牛吃上新鲜、有营养的食物而制作的。
有青贮饲料真安心！

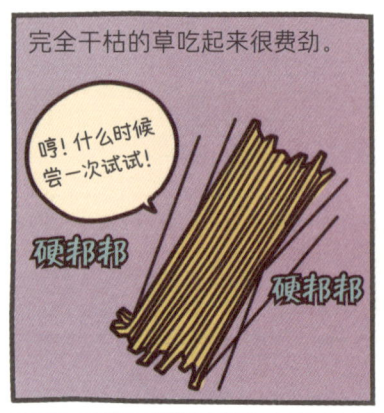

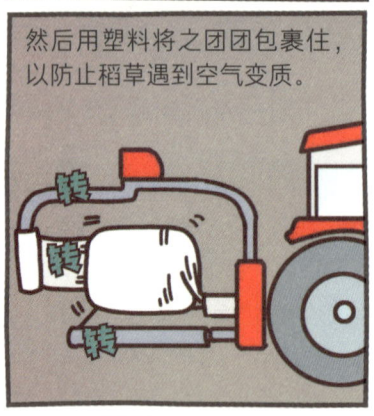

完全干枯的草吃起来很费劲。 哼！什么时候尝一次试试！ 硬邦邦 硬邦邦	青贮饲料含有适当的水分，家畜吃起来口感更好。 忍不住要吃我了吧？ 湿润 湿润	青贮饲料并不是直接将植物性饲料捆成圆柱就可以了。 我和那个完全不一样啊！
秋收时节，人们收割水稻， 突突突…	将水分含量60%~70%的稻草收集起来， 70%	用捆包机把稻草压缩成圆柱体。 转转 转转
为了防止营养成分流失并帮助稻草发酵，人们会加添加剂。	然后用塑料将之团团包裹住，以防止稻草遇到空气变质。 转转	这样制成的青贮饲料的储存量是干稻草堆的两倍。 我比你更多呢！
因为是用机器捆制的，所以能轻松地大量生产。	还不受天气影响，能保存很长时间。 不管下雨还是下雪，我都完好无损。	原来是这样啊！哦？已经到家了呢。

问题 36
巧克力为什么结晶形状不同？

巧克力！你是我的朋友对吧？和我一起玩吧！

什么？

虽然看不到，但是我知道，你也有结晶，我们是朋友呢！

我……你说什么？

你和我不一样！一边去！

我居然被那些自然形成的结晶当成同类！

没脸见其他巧克力了！

巧克力结晶是人工制作而成的，一直被非常科学地使用着！

巧克力结晶是人类制作出来的科学的产物，哈哈！

严谨地说，巧克力结晶是巧克力的脂肪成分——可可脂结晶化形成的。

结晶化是指非结晶的液体或固体变成结晶的现象。

哈哈哈！变身完成！

你看它！变成结晶了！

巧克力也一样，这些最初并不存在的结晶，是在制作巧克力的过程中形成的。

决定巧克力品质的要素有很多个：

我当然是最优质的。

巧克力的光泽、

切开时发出的声音、

啪

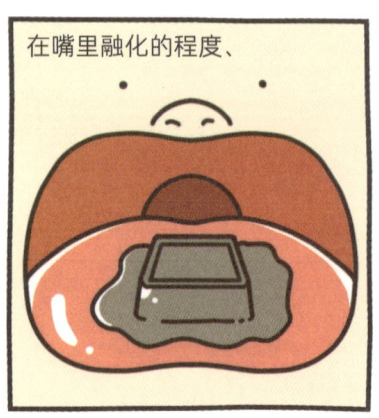

在嘴里融化的程度、	味道, 巧克力简直让人不得不爱啊,太美味了!	在保存过程中这些要素是否发生变化等。 哇……这个真的是3个月前买的巧克力吗?
保证品质的关键就在于可可脂结晶。 结晶形状决定巧克力的品质!	让我们先来看看我是怎么做成的吧。 揭露我诞生的过程,还有点不好意思呢。	我原本是可可树果实里的种子,就是可可豆。
可可豆发酵3～10天后,	必须在阳光下晾晒1～2周,才有成为巧克力的资格。	然后将可可豆放在火上炒,
剥去外皮并碾碎。	因为可可豆原本就含有50%左右的可可脂, 从豆子时期开始,可可脂就一直在我的体内。 50%	所以给粉末加热的话,

92

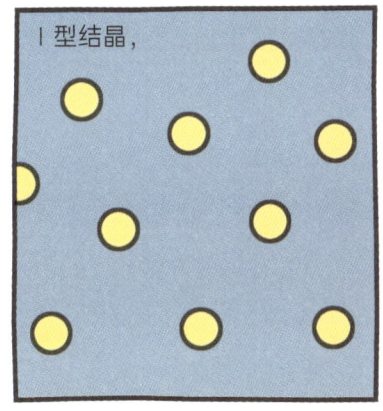

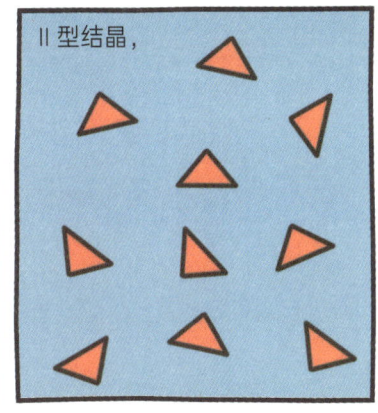

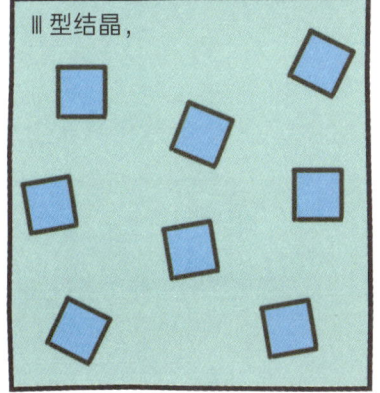

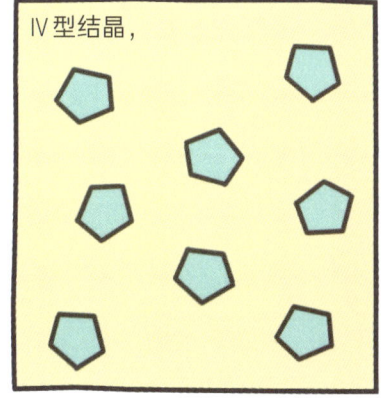

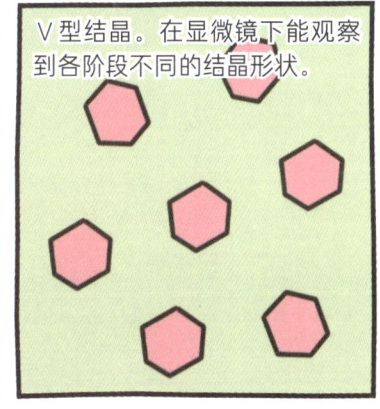

就会变成这样黏稠的糊状，这就是巧克力原液。	再往巧克力原液中添加可可脂、砂糖，	然后一圈圈地搅拌一段时间就可以啦！
等它凝固后就做成各种各样的巧克力了！	可可脂结晶肉眼看不到，不过在实验室利用显微镜就能看到了。可可脂结晶实际上有各种各样的形状。 你想窥探我的内部？	可可脂结晶有6种形状。 让我们一起来期待一下是什么样的形状吧！
液体巧克力未定型的晶体，	I型结晶，	II型结晶，
III型结晶，	IV型结晶，	V型结晶。在显微镜下能观察到各阶段不同的结晶形状。

结晶形状不同的原因在于熔点不同。 "我们的熔点互不相同。"	熔点就是某种固体变成液体的临界温度。 "哎呀呀，熔化了……"	制作巧克力是需要调整温度的。 "我要做Ⅲ型结晶的巧克力……"
从液体巧克力到Ⅴ型结晶，它们的熔点依次增高。	熔点约为34℃的Ⅴ型结晶的巧克力是最高品质的巧克力： "我是最好的！"	巧克力结实， "我纹丝不动。"
表面像镜子一样能照出人影来， "这是巧克力还是镜子啊？"	折断的时候发出"啪"的声音。	当然，这并不是说其他结晶形状的巧克力都是不怎么样的低档巧克力。 "对！可不能认为我们就是低档巧克力！"
液体巧克力和Ⅰ型、Ⅱ型结晶巧克力因为熔点低，所以会用于制作冰激凌的脆壳。	Ⅲ型、Ⅳ型结晶巧克力因为较软，所以也受到了一些人的欢迎。 "我喜欢这种巧克力。"	如果有机会的话，一定要尝一尝优秀的Ⅴ型结晶巧克力，看看和其他巧克力到底有没有区别！ "呼！我的味道真的非常棒……"

问题 37
消焰器上为什么有孔？

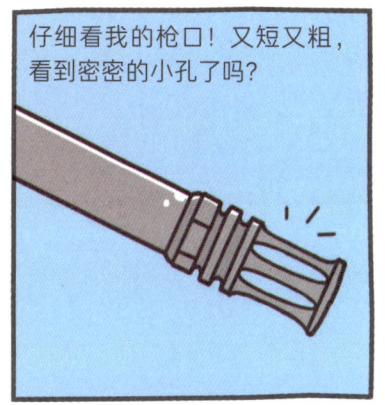

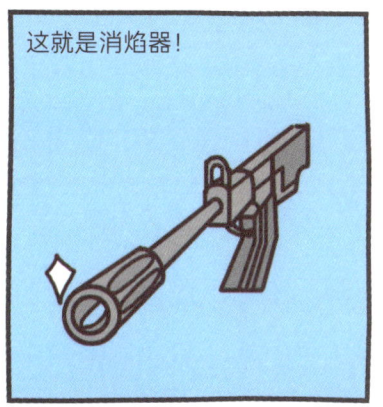

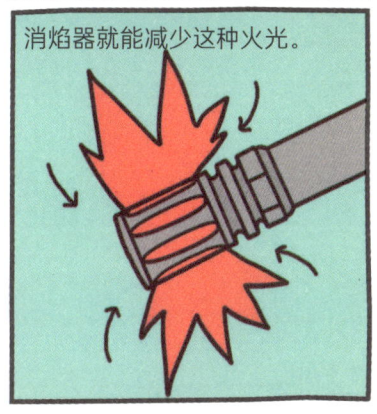

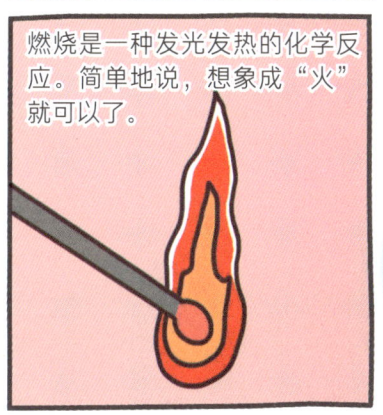

你好，我是步枪。	我和手枪不同。 是的，和我不一样！	仔细看我的枪口！又短又粗，看到密密的小孔了吗？
这就是消焰器！	不可能无缘无故钻这么多孔吧？ 对啊，肯定有理由。	首先，消焰器的作用是减少火光。 竟然敢减少我？
子弹发射是一瞬间的事情，所以你可能会问怎么会有火光。 为什么突然有火花喷出来？	如果用慢镜头看步枪发射子弹的场面，能看到步枪枪口喷涌而出的火光。	消焰器就能减少这种火光。
如果想弄清消焰器的原理，就需要先了解燃烧。	燃烧是一种发光发热的化学反应。简单地说，想象成"火"就可以了。	燃烧可以分成完全燃烧和不完全燃烧。 燃烧并不都是一样的！

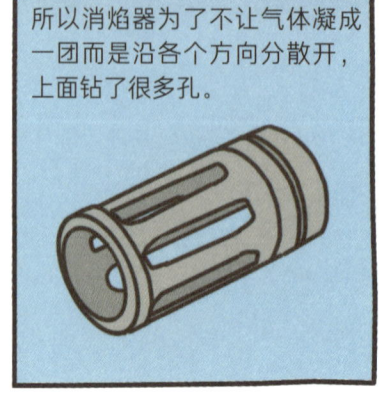

不完全燃烧是因氧气和温度条件不充分而发生的。 我们是因为氧气不足、温度也不对，所以才这样了！	如果发生不完全燃烧，就会产生红色的火光。 呼啦啦	也会产生黑色粉末的烟尘。
反之，完全燃烧则是在所需的氧气充足和温度条件适当时发生的。 氧气充足，温度也正好，所以可以完全燃烧！	火苗带蓝色。	燃气灶就是典型的例子。
消焰器能将枪口喷出来的气体扩散，使之得以快速燃烧。 噗咻 气体瞬间扩散！	火光之所以是红色的，是因为它并不像燃气灶里的燃气那样纯粹。 瞬间全部燃烧了。 噼啪	只有用了消焰器才能减少烟雾和大火焰，并让射击的人看清前方。 开枪了也能看到很远的地方呢。
同时还能降低被敌人发现的概率。 不知道是从哪里射来的呀！	所以消焰器为了不让气体凝成一团而是沿各个方向分散开，上面钻了很多孔。	当然，子弹不会从消焰器孔中掉出去，请放心！ 是的。这种事是绝对不可能发生的。

问题 38
气泡膜为什么是鼓鼓的?

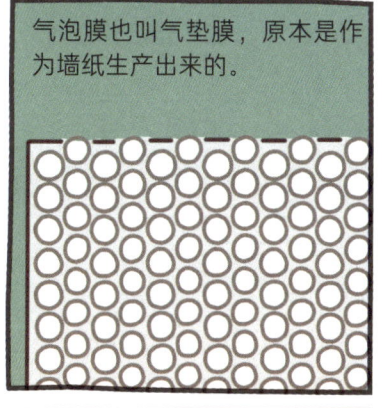

啪!

是谁制造出的这种玩具啊?太好玩了!

啊!妈妈!

唉……这个样子,也不知道像谁。

听好了!气泡膜并不是玩具。

嗯?那它是什么呢?

晕

气泡膜也叫气垫膜,原本是作为墙纸生产出来的。

马克·查万尼斯和阿尔弗雷德·菲尔丁是气垫膜的发明者。

他们二人原本是想制造出富有个性的墙纸,

所以设计制作出了气泡膜。

诞 生!

当时怎么会有人想买这种滑稽的墙纸呢?

所以他们必然直面凄惨的失败。

尽管如此,二人也没有放弃。	他们产生了将这些墙纸用作包装材料的想法。 或许气泡膜更适合作为包装材料!	气泡膜将塑料和塑料之间的空气密封起来。
这些空气能吸收和分散冲击力,	所以能安全护住容易破碎的物品。	没错!就是这个了!
二人因此大获成功。	随着时间的流逝,人们发现气泡膜里的空气不仅耐震,	也很耐热。 这是怎么回事呢?
气泡膜中的空气能阻挡热量的直接传递,所以有保温、隔热效果。 喂,你得先经过我这关!	所以这就是有些人每到冬天就在窗户上贴气泡膜的原因。 能阻止热量往外跑,可以保持室内温度。	哇!太棒了! 所以现在不要再玩了,赶紧收起来!

问题 39
高速路上为什么有凹槽？

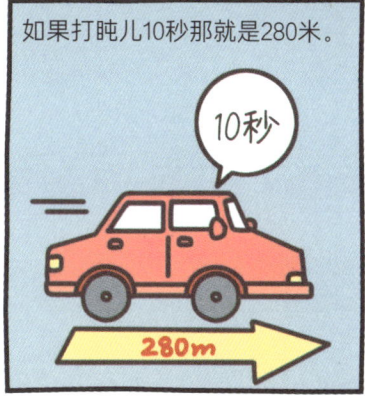

超速、

酒驾，

是造成交通事故频发的两大原因。

但交通事故致死的最大原因却是疲劳驾驶！

也就是说，当司机困意袭来，在路上睡着后，

醒来的时候，说不定已经在天国了。

以100千米/时的速度飞驰的汽车，

100 km/h

即便司机只打1秒的盹儿，车就已经前进28米了。

Zzz

28m

如果打盹儿10秒那就是280米。

10秒

280m

看了这些数据还奢望打盹儿期间不发生交通事故吗？

即便如此，很多司机还是因无法战胜困意，进而发生交通事故。

困

即便知道打盹儿的一瞬间就可能失去生命，但还是会疲劳驾驶。

99

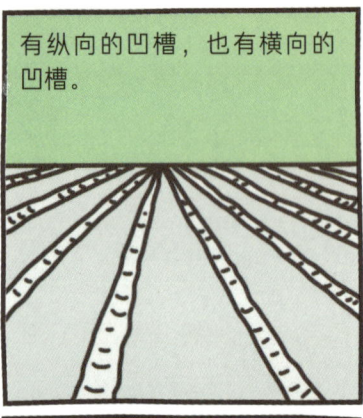

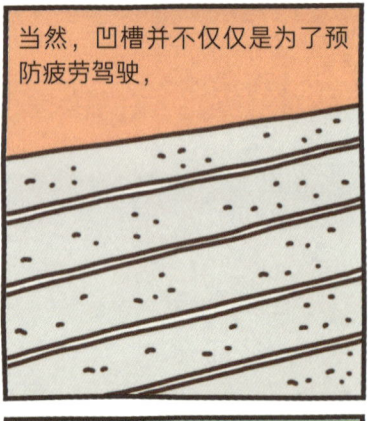

不过幸运的是,我们有防止疲劳驾驶的装置,你知道是什么吗?	一般的道路上几乎没有,所以你可能没见过。	如果你上过高速,说不定曾经看到过——那就是路上挖的凹槽!
有纵向的凹槽,也有横向的凹槽。	小汽车在横向凹槽上飞驰时,轮胎和道路之间的摩擦力会增大,	会发出很嘈杂的声音和振动。
这样能警示司机,打起精神开车。	这样的设计在一定程度上能阻止因为疲劳驾驶而出现的意外。	当然,凹槽并不仅仅是为了预防疲劳驾驶,
它也起到了类似轮胎槽口的作用,有助于汽车的安全行驶。	凹槽能增加摩擦力,减少道路上的积水,所以下雨时能让汽车不那么打滑。	虽然凹槽很伟大,但是可不能为了看它,在飞驰的汽车里把头探出来哦!

问题 40
马蹄上为什么要钉U形铁?

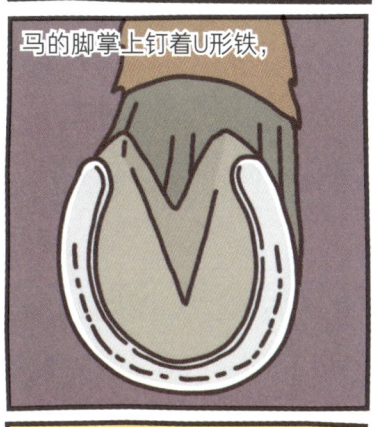

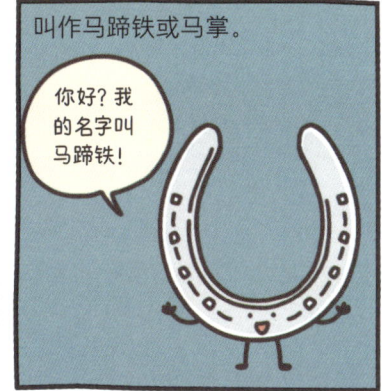

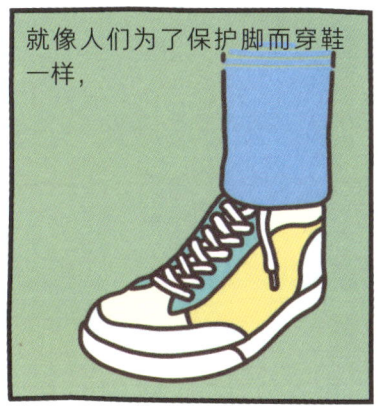

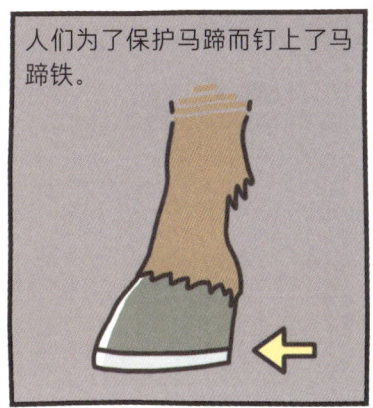

曾经在很长一段时间里,马都是人们主要的交通工具。

虽然马很常见,

马?常常看到,所以了解一点。

但是你没看过马的脚掌吧?

为什么要看我的脚掌?

马的脚掌上钉着U形铁,

叫作马蹄铁或马掌。

你好?我的名字叫马蹄铁!

当然,马蹄铁并不是马生长过程中自然长出来的。

谁会长这个呀?

那么,这是人类的恶作剧吗?

不是的!

马蹄铁是为了保护我们而钉上的。

真的吗?哈哈哈哈。

是真的哦。马蹄铁就是马穿的鞋子!

就像人们为了保护脚而穿鞋一样,

人们为了保护马蹄而钉上了马蹄铁。

101

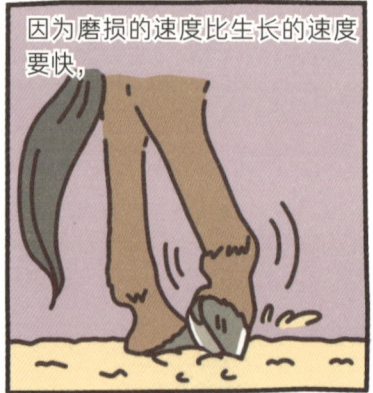

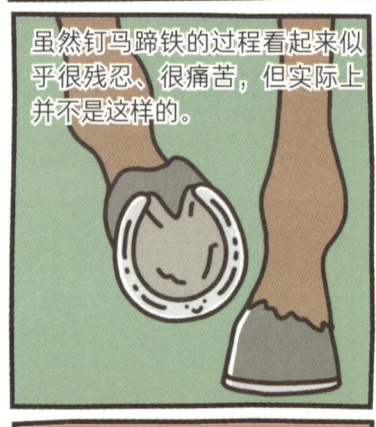

马蹄就像我们的手指甲和脚指甲一样,一直在长。	因为磨损的速度比生长的速度要快,	所以马奔跑时会感觉疼痛。 啊!
马不能再奔跑, 我的职业生涯就此结束了,因为再也不能奔跑了。嘤嘤……	人们为了保护马蹄给它钉上了马蹄铁。 待着别动!我这都是为了你好!	虽然钉马蹄铁的过程看起来似乎很残忍、很痛苦,但实际上并不是这样的。
马蹄和人的指甲一样,由死细胞构成,所以感受不到疼痛。 真的一点都不觉得疼呢。	如果真的疼的话,你觉得马还会安静待着吗?应该早就踢人了。	野马没有马蹄铁似乎也能自由行走。其实,野马的情况有点不同。 为什么我不同?
野马平时都是走路,	只有当生命遇到威胁时才奔跑,所以马蹄不会很快磨损掉。	我们饲养的马需要经常奔跑,所以马蹄铁就是必备的了!

问题 41
钥匙为什么是参差不齐的?

就像针和线、

勺子和筷子总是相伴出现一样,

钥匙和锁也是!

但是钥匙为什么是参差不齐的呢?

要解开这个秘密就离不开锁。锁内部有一个锁芯。

我里面有一个锁芯。

锁芯内有名为弹子的东西,由它来决定钥匙的形状。

圆筒形锁芯、

管状锁芯、

圆盘状圆筒锁芯是比较有代表性的锁芯种类。

首先我们来看一下锁里主要用的圆筒形锁芯吧。

锁芯
弹簧
平头弹子
圆筒活塞
钥匙孔
下弹子

看弹子的高度,能发现圆筒的平头弹子和下弹子的高度是不同的。

这是正常的,因为只有这样,锁才能扣上,门不被打开。

锁牢了。

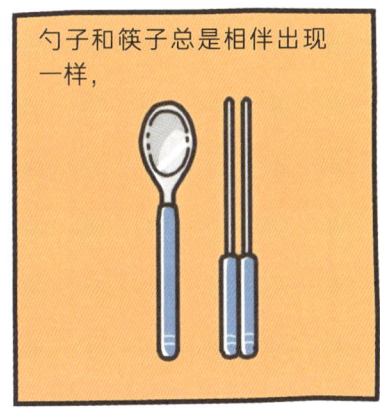

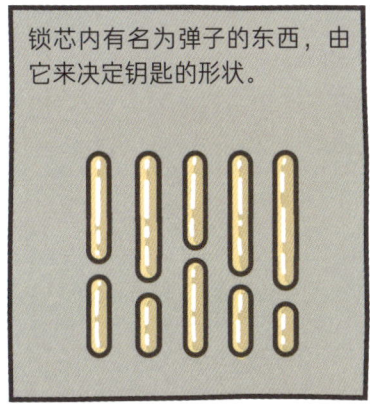

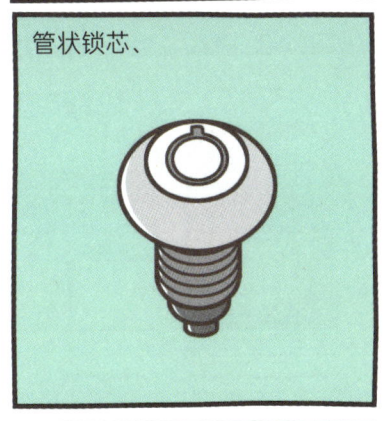

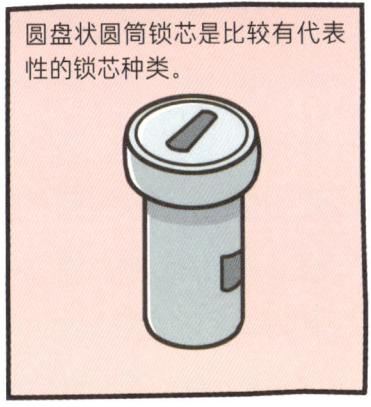

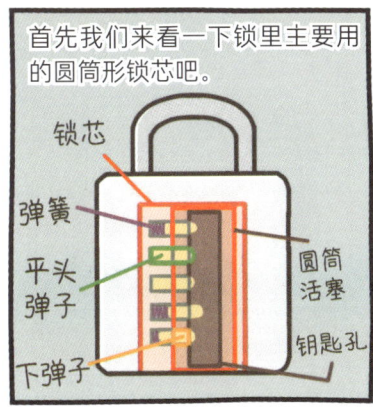

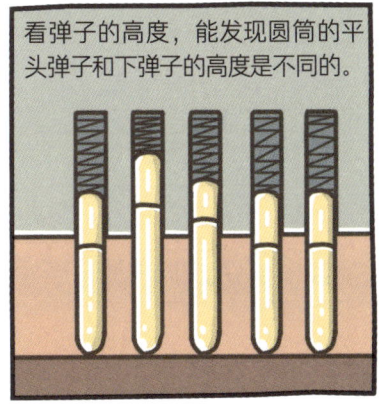

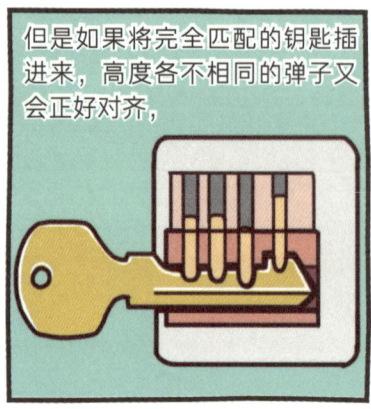

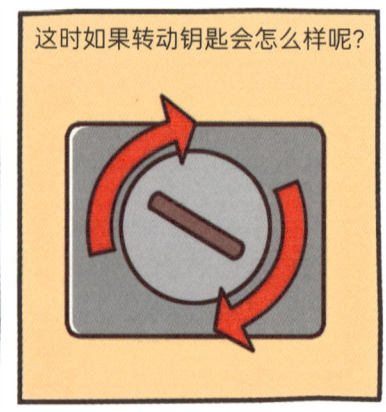

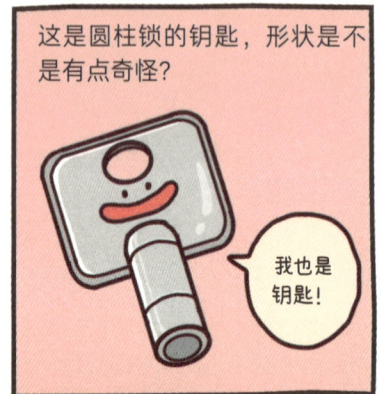

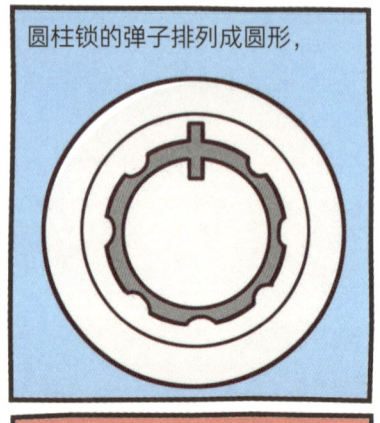

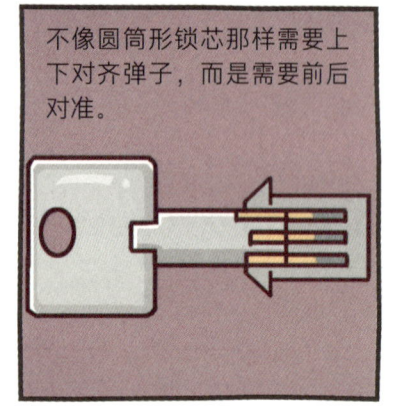

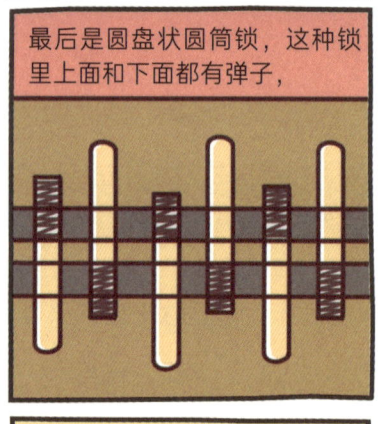

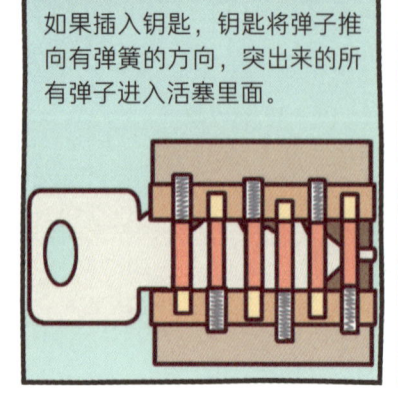

但是如果将完全匹配的钥匙插进来，高度各不相同的弹子又会正好对齐，	这时如果转动钥匙会怎么样呢？	门开了！ 开啦！
钥匙必须匹配弹子的高度，所以是参差不齐的。 必须用钥匙对准弹子，门才能打开，不是吗？	这是圆柱锁的钥匙，形状是不是有点奇怪？ 我也是钥匙！	圆柱锁的弹子排列成圆形，
不像圆筒形锁芯那样需要上下对齐弹子，而是需要前后对准。	在自动贩卖机或办公室抽屉上很容易找到这种锁。	最后是圆盘状圆筒锁，这种锁里上面和下面都有弹子，
如果插入钥匙，钥匙将弹子推向有弹簧的方向，突出来的所有弹子进入活塞里面。	这种锁主要使用在汽车上。	各不相同的钥匙是不是也很有趣呢？ 你和我也不一样呢！

问题 42
方便面为什么是弯弯曲曲的?

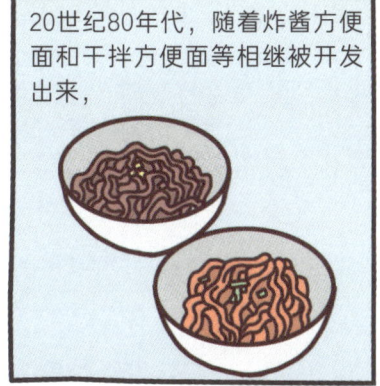

1963年9月15日,韩国最早的方便面上市了。

最早的方便面是散发着鸡汤味道的白色方便面。

当时方便面不是米饭的替代食品,而是被视为一种滋补食物。

居然吃方便面!今天是什么日子啊?

今天我们所熟知的微辣牛肉面开发于20世纪70年代,

20世纪80年代,随着炸酱方便面和干拌方便面等相继被开发出来,

方便面迎来了百花齐放的时代。

大家都来买方便面。

炸酱面　干拌面

但方便面为什么都是弯弯曲曲的呢?

原因之一是为了在较小的体积内放尽可能多的量。

如果要在这么小的袋子里放尽可能多的面,应该怎么办呢?

一根方便面的长度在35～50米之间。如果用建筑物来计算的话,大约是12～16层楼的高度。

那么为什么不像线团一样团成团呢?这样不是能放更多的量吗?

这就是我们要说的第二个原因。

如果想在提高营养价值的同时延长保质期的话,

具有营养价值……

还不容易变质的形状。

105

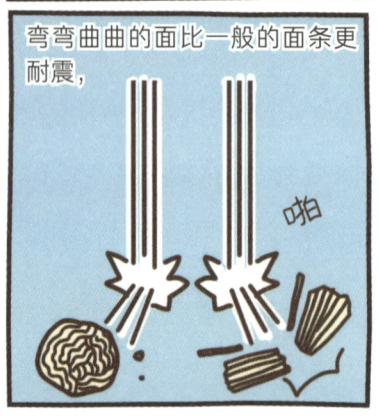

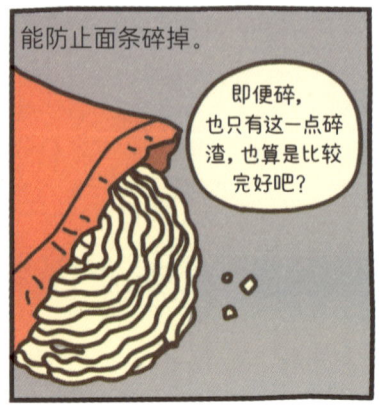

就需要面在油炸工序中尽快吸收油，

吸收食用油。

还要有能让面条里的水分蒸发的空间。

水分全被抽走！

在煮方便面的时候，

汤汁能很容易地渗透到弯曲的空间中，让面条均匀地熟透，

汤的味道也能更好地进入面条中，味道更鲜美。

鲜美

超乎想象的味道！

如果不相信，可以煮一碗挂面试试，

这样就能感受到它与弯弯曲曲的方便面之间味道的差异了。

这个不是方便面啊！

弯弯曲曲的面比一般的面条更耐震，

啪

在方便面进行包装

抖抖抖

或运输时，

方便面

能防止面条碎掉。

即便碎，也只有这一点碎渣，也算是比较完好吧？

现在你知道方便面做成弯弯曲曲的样子是有道理的了吧？

弯弯曲曲的美味方便面。

方便面

问题 43
每个人的指纹为什么都不同？

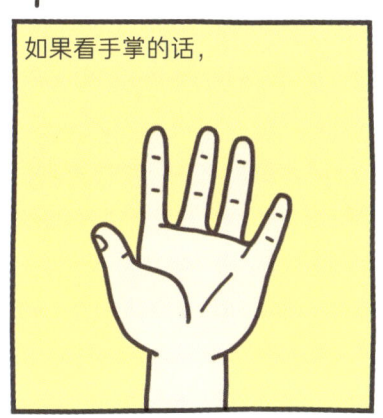

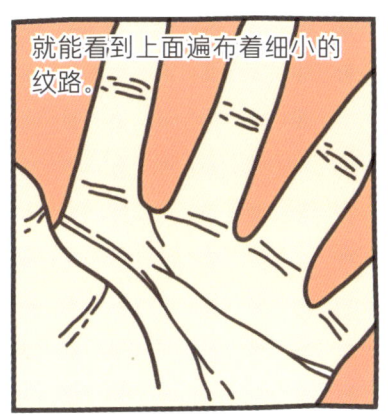

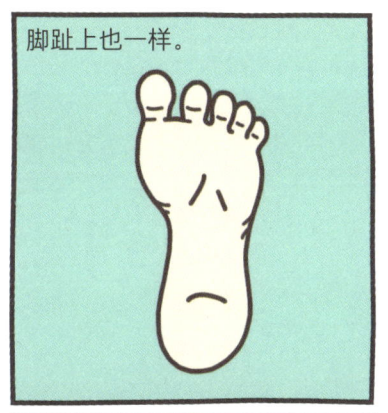

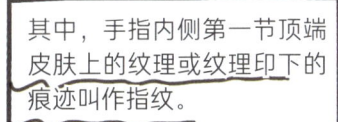

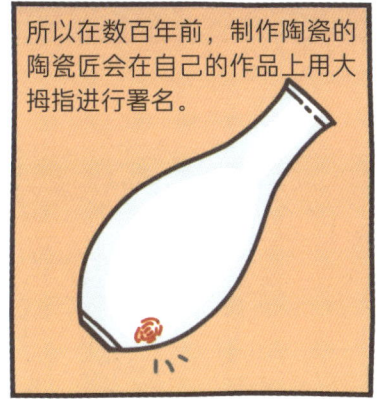

如果看手掌的话，

就能看到上面遍布着细小的纹路。

手指上也有很多纹路，

脚趾上也一样。

其中，手指内侧第一节顶端皮肤上的纹理或纹理印下的痕迹叫作指纹。

2020年2月10日
署名

但是你知道每个人的指纹都不相同吗？

你的和我的不一样吗？

当然不一样啦！

所以在数百年前，制作陶瓷的陶瓷匠会在自己的作品上用大拇指进行署名。

1453年《朝鲜王朝实录》的《成宗实录》中有这样的记录：

成宗實錄

"向司宪府状诉冤屈时需要留下其妻子的指纹。"

请按手印！

近年来，指纹被运用到了犯罪侦查中。

你的指纹出来了！你就是犯罪嫌疑人！

据说，两个人手指指纹相同的概率约为640亿分之一。

也就是说几乎是不可能相同的。

你知道每个人都不相同的指纹是如何形成的吗？

如果想知道的话，那就跟我来吧！我告诉你！

107

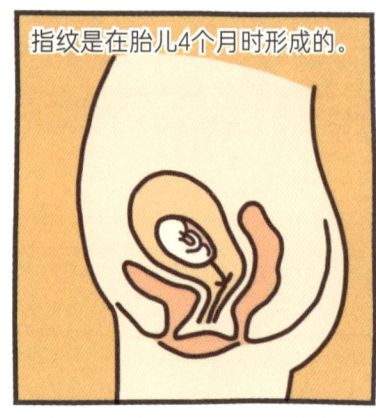

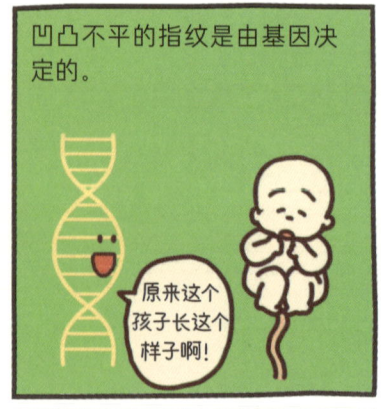

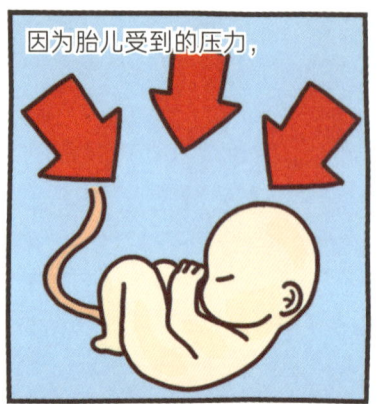

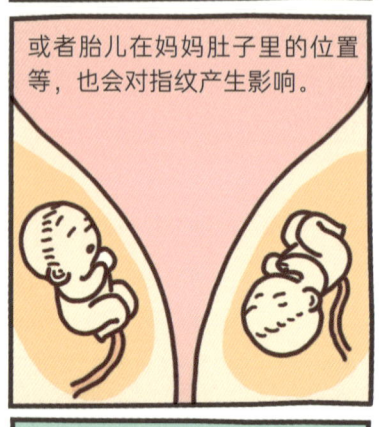

指纹是在胎儿4个月时形成的。	凹凸不平的指纹是由基因决定的。 原来这个孩子长这个样子啊！	尽管双胞胎的指纹很相似，但其实也是不同的。 我们也不一样吗？
因为胎儿受到的压力，	或者胎儿在妈妈肚子里的位置等，也会对指纹产生影响。	左手和右手的指纹当然也不同。 你知道我们也不相同吗？
东方人和西方人的指纹也有着巨大的差异。	现在你知道互不相同的指纹是如何形成的了吗？ 要是现在还不知道，那可不行哦！	但是，为什么会形成指纹呢？ 是啊，我们为什么会产生呢？
很遗憾，这个问题的答案现在还没研究出来。 呃，这个我也不知道呢……	有人说，手指的指纹能增强和物体间的摩擦力，帮助我们更牢地抓住物体。	但是最终实验证明这个结论是错误的。不过这个问题早晚会研究明白的。 只是我们现在还不知道而已。

问题 44
云朵为什么长得像UFO？

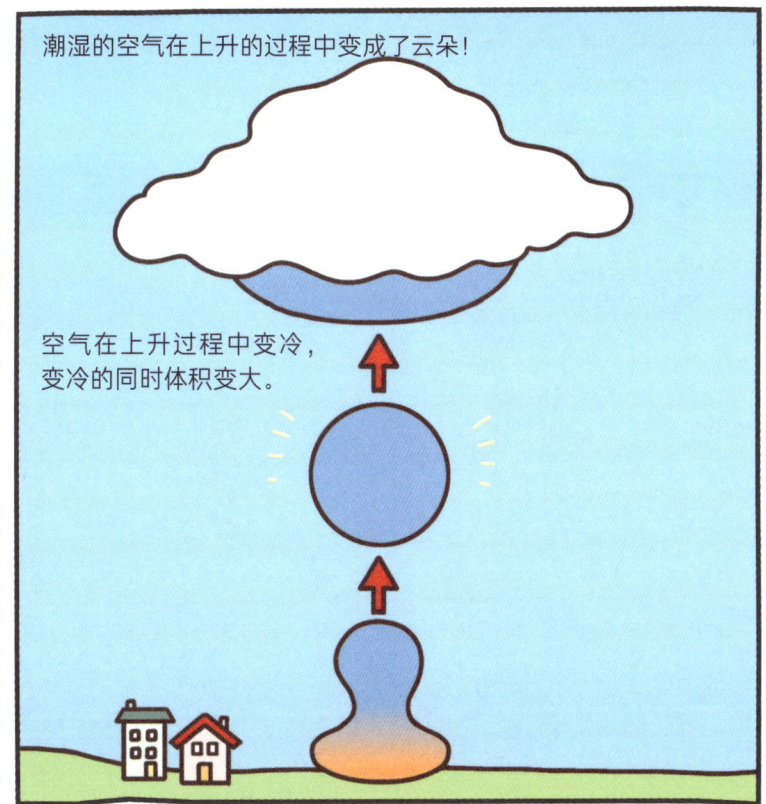

哎呀呀呀！

是U、U、UFO！快跑啊！

怎么啦？

上面，看上面！

看什么看？

真是的，哪儿来的UFO？我是云朵啊……

我是荚状云！既然你们对云朵这么无知，那我就给你们科普一下吧。

云朵是小水滴或小冰晶在大气中大量聚集后飘浮在空中形成的。

潮湿的空气在上升的过程中变成了云朵！

空气在上升过程中变冷，变冷的同时体积变大。

潮湿的空气不断往上升。

109

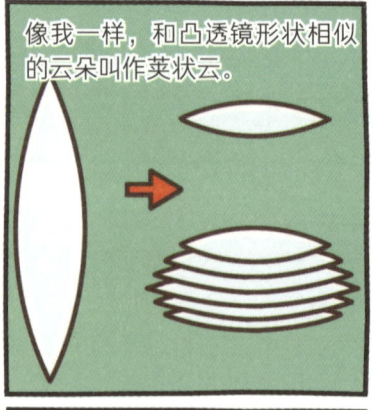

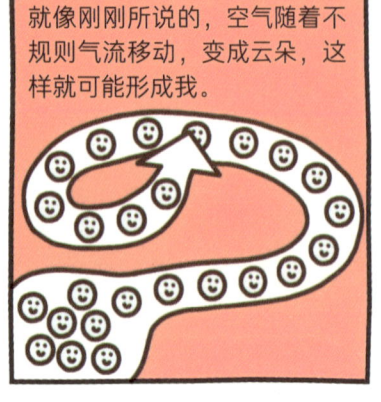

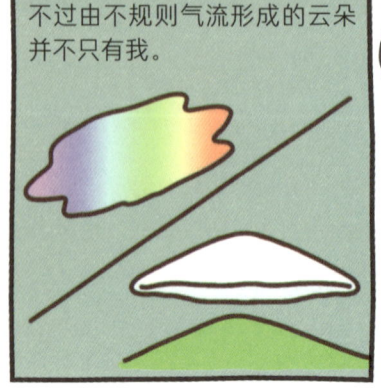

现在知道云朵是什么了吧？接下来，我来介绍一下荚状云。	像我一样，和凸透镜形状相似的云朵叫作荚状云。	很多人看到我会误认为是UFO。
不仅是因为外形像，颜色也会让人产生误会。虽然其他的云朵是白色的，	但我常常是彩虹色的。	要说荚状云是怎么形成的，
那是因为不规则气流而形成的！	不规则气流是什么呢？随着地形和高度的变化，风的强弱和方向也发生改变。	大家看到过高空中刮着非常强劲的旋转风的情形吗？那个就是不规则气流。
就像刚刚所说的，空气随着不规则气流移动，变成云朵，这样就可能形成我。	不过由不规则气流形成的云朵并不只有我。	如果想看到我，下次爬山要注意看看天上哦！ 因为不规则气流经常发生在山里。

问题 45
烟花为什么是花的样子?

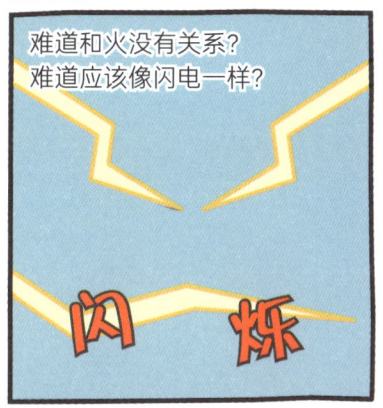

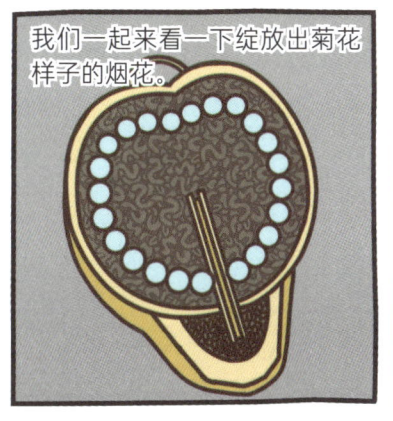

砰!

为什么烟花的火光有这么多种形状呢?

难道和火没有关系?难道应该像闪电一样?

闪烁

我们经常看到的火光大多是这种形状的。

如果你存在这样的怀疑,那你错了!

爆竹做成的烟花就是从放置火药的发射炮里,

向空中发射烟花并使之爆炸。

简单来说,就是向空中引爆炸弹。

说到烟花,我们立刻想到的形状就是菊花。

我们一起来看一下绽放出菊花样子的烟花。

首先,烟花表面有一层一直保护着内容物的纸壳,叫作烟花壳。

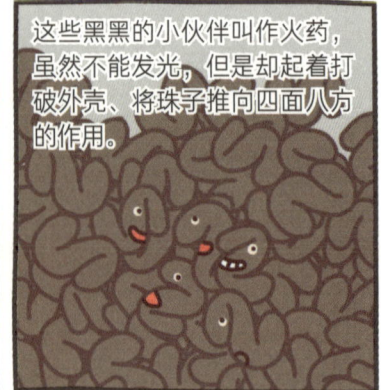

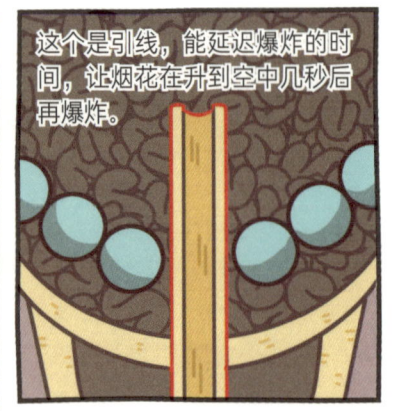

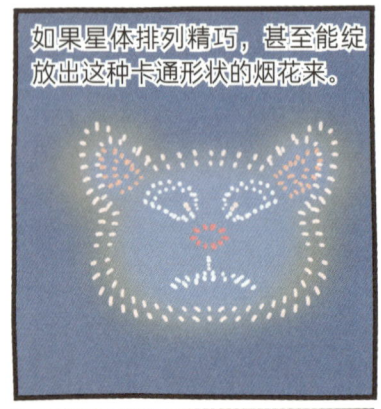

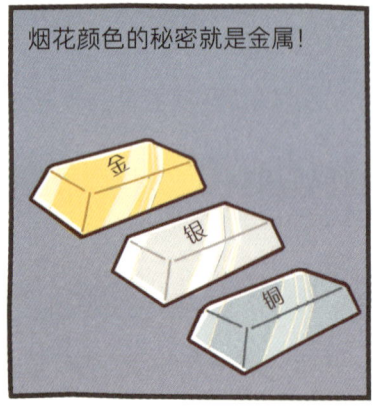

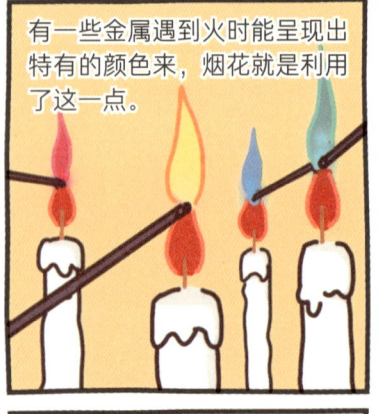

里面装着爆炸时呈现出各种颜色的名为"星体"的珠子，这是构成烟花形状的核心。	这些黑黑的小伙伴叫作火药，虽然不能发光，但是却起着打破外壳、将珠子推向四面八方的作用。	这个是引线，能延迟爆炸的时间，让烟花在升到空中几秒后再爆炸。
下方黑色的粉末是能让烟花升高的火药，它决定了烟花在哪个高度爆炸。	烟花里星体的排列决定了烟花的形状。	如果星体排列精巧，甚至能绽放出这种卡通形状的烟花来。
烟花颜色的秘密就是金属！	在制作星体时会把金属混合进去。 蓝色应该是什么金属呢？	有一些金属遇到火时能呈现出特有的颜色来，烟花就是利用了这一点。
也有一些在空中改变颜色的烟花，这是因为在制作星体时使用了多种金属，层层堆积。 这样烟花颜色可以变三次！	因为火药爆炸是从外面到里面依次燃烧的。	来，记一下笔记："烟花就是正确的火焰组合。"

问题 46
船为什么是流线型的?

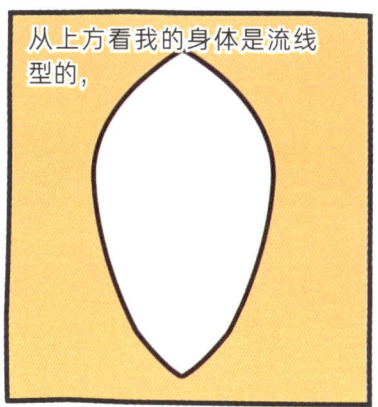

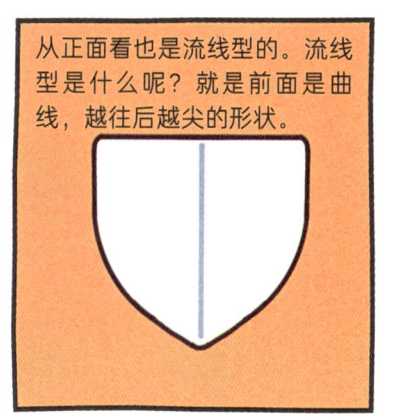

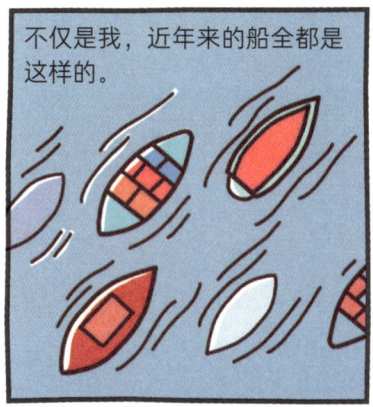

你好！我是轮船。

从上方看我的身体是流线型的，

从正面看也是流线型的。流线型是什么呢？就是前面是曲线，越往后越尖的形状。

不仅是我，近年来的船全都是这样的。

游船、

货船、

军舰、

破冰船，

还有渔船也都是这样的形状。

要想弄清楚船为什么是这种形状，首先得了解水的性质。

水有阻力。

人在水里行走或奔跑会很不顺畅，水似乎在阻拦一样，这是因为水有阻力。

和在平地上不一样呢，走不动。

因为水有黏性，所以能贴附在我们身体上。

一定要紧紧贴住。

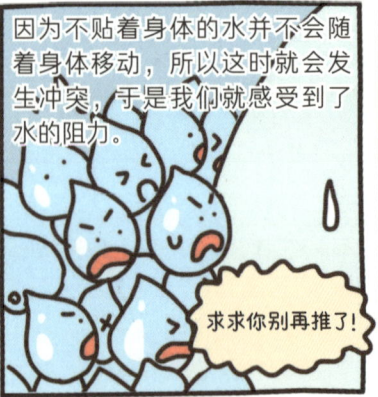

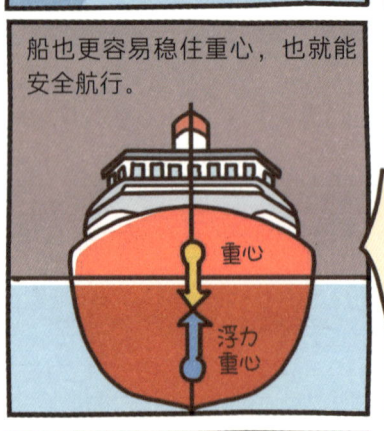

身体周围的水会和身体一起移动， 哎呀！有人突然推我，怎么办？	因为不贴着身体的水并不会随着身体移动，所以这时就会发生冲突，于是我们就感受到了水的阻力。 求求你别再推了！	如果换成非常巨大的船会怎么样呢？因为船体型巨大，所以受到的水的阻力也非常大。 嘿哟嘿哟……
假设船是方形的话，遇到的阻力会更大，所以船的速度会很慢。	而且船头与水相撞，船也会很难前进。	船也无法保持平稳，遇到稍大一些的海浪时就很容易翻船。
如果将船做成流线型，遇到的阻力会变小，所以速度能变快。 船	船也更容易稳住重心，也就能安全航行。 重心　浮力重心	当船向下的重心和托起船的浮力之间的平衡被破坏时，船就会翻倒。 哎呀！要倒啦！救救我！
对于船和飞机来说，安全性是最重要的。	如果重量平衡有问题，将不会给予出发许可证。 许可证	流线型解决了速度和安全性这两大难题，是最合适的形状！ 哇，是不是很畅快？

问题 47
沙漠为什么会有皱纹？

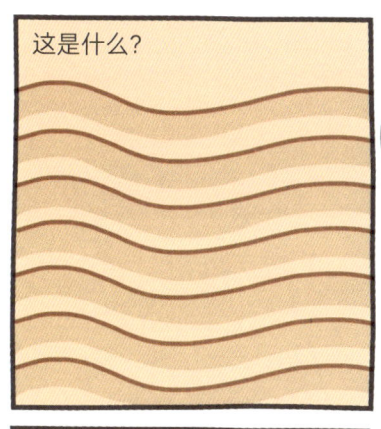

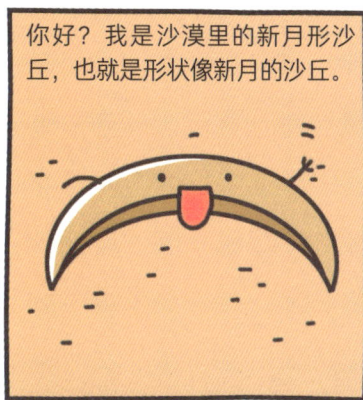

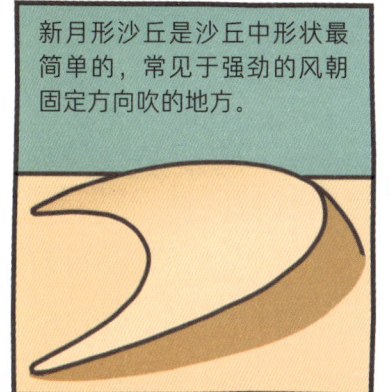

这是什么？

难道是老奶奶长皱纹的额头？错！

你说什么？真想揍你！

正确答案是沙漠上的沙子！

你好？我是沙漠里的新月形沙丘，也就是形状像新月的沙丘。

我来告诉你，有些沙漠为什么是皱皱巴巴、弯弯曲曲的。

在这之前，先了解一下各种沙丘是怎么形成的。

新月形沙丘是沙丘中形状最简单的，常见于强劲的风朝固定方向吹的地方。

当被风吹走的沙子遇到障碍物被挡住，就堆积成了新月形状。

哇！我飞走啦！

哎呀！撞到什么了！

如果你要问为什么是新月形状，

那是因为，沙子量比较少的两侧移动速度较快，而沙子量多的中间部位移动速度缓慢。

沙子很多。 速度↓

速度↑ 沙子少。

从截面来看，能看到凹进去的地方和倾斜的部位。

因为是朝固定方向刮的风形成的沙丘，所以会这样。

我只往这个方向刮。

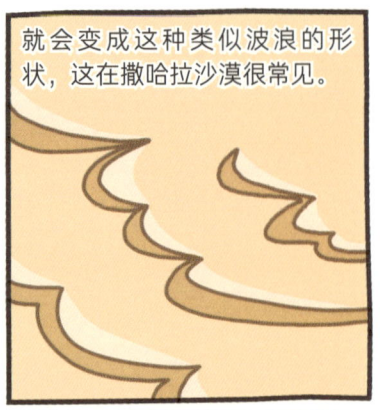

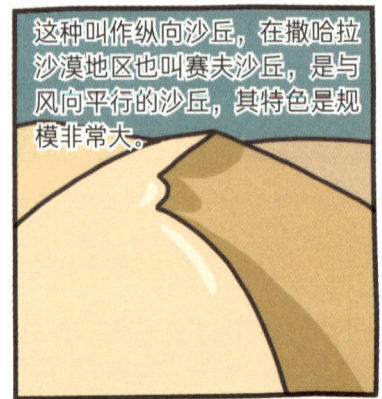

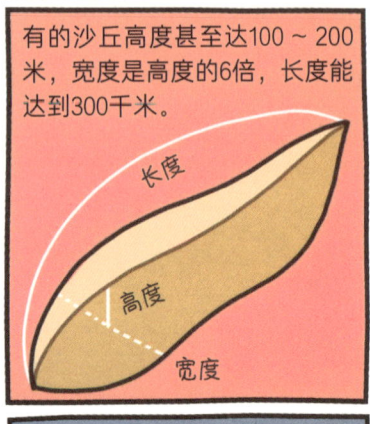

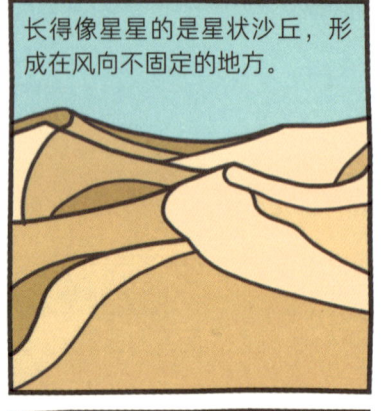

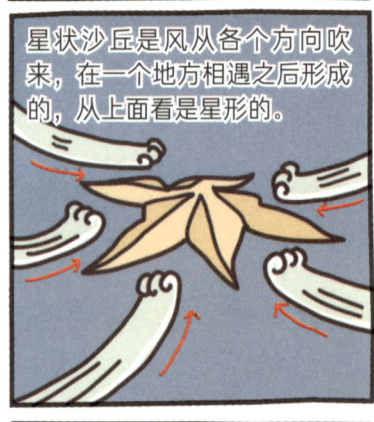

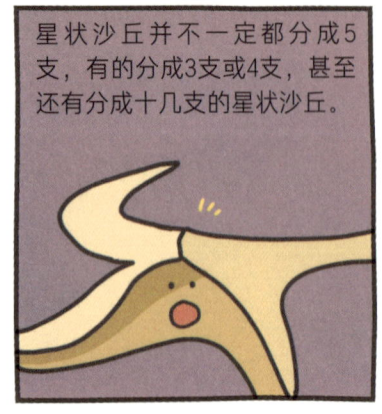

风吹来的方向是缓坡，反方向则是陡坡。	而且吹来的沙子量也很重要，如果吹来的沙很多，	就会变成这种类似波浪的形状，这在撒哈拉沙漠很常见。
这种波浪形状是由新月形沙丘连接而成的。	这种叫作纵向沙丘，在撒哈拉沙漠地区也叫赛夫沙丘，是与风向平行的沙丘，其特色是规模非常大。	有的沙丘高度甚至达100～200米，宽度是高度的6倍，长度能达到300千米。
纵向沙丘是风从两个方向吹来，并在一个地方聚集时形成的。	长得像星星的是星状沙丘，形成在风向不固定的地方。	星状沙丘是风从各个方向吹来，在一个地方相遇之后形成的，从上面看是星形的。
星状沙丘并不一定都分成5支，有的分成3支或4支，甚至还有分成十几支的星状沙丘。	现在是不是渐渐明白了？沙漠上所有沙丘都是在风的作用下形成的。	所以沙漠上的纹理都是风吹过留下的痕迹。

问题 48
履带为什么又扁又长？

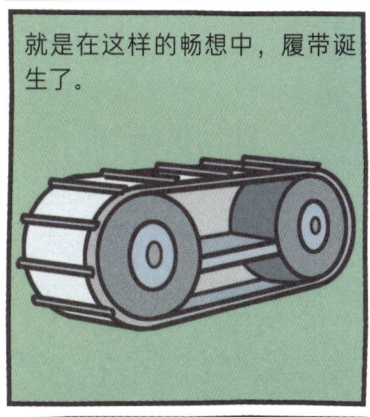

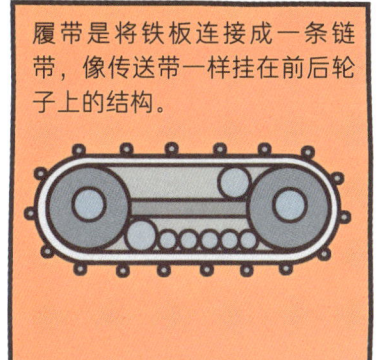

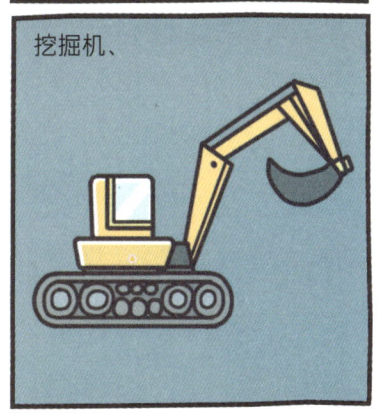

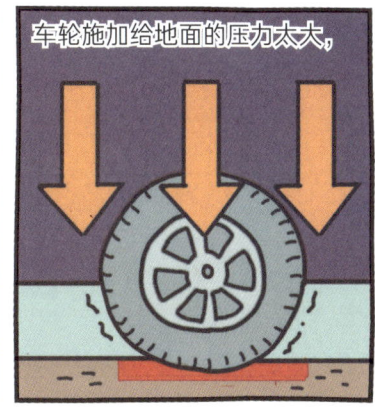

坑坑洼洼的地面、

泥土地面、

雨雪过后的地面，

要在这样的地面上开车的话，

还不如先修整地面，这样才能保证安全和便利。

就是在这样的畅想中，履带诞生了。

履带是将铁板连接成一条链带，像传送带一样挂在前后轮子上的结构。

在坦克、

挖掘机、

起重机等军用车辆或建设、农业用车辆中使用较多。

如果很重的车辆使用一般车轮，

车轮施加给地面的压力太大，

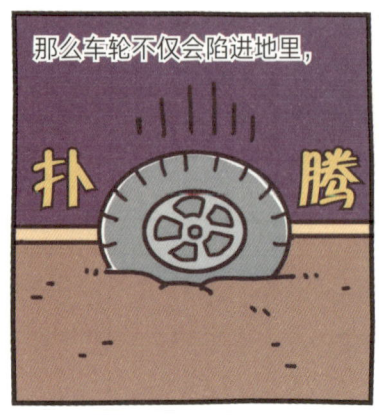

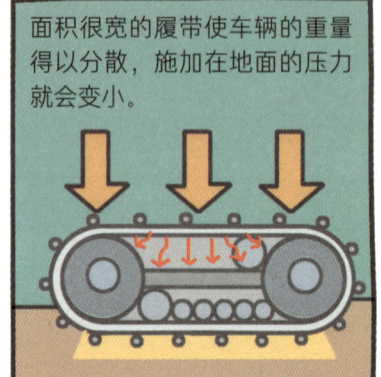

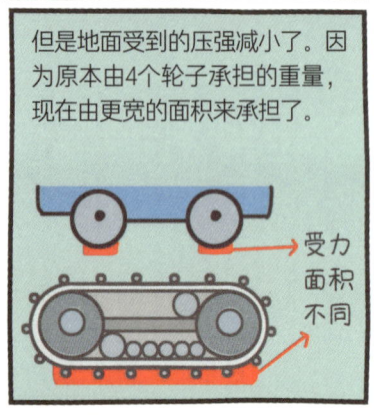

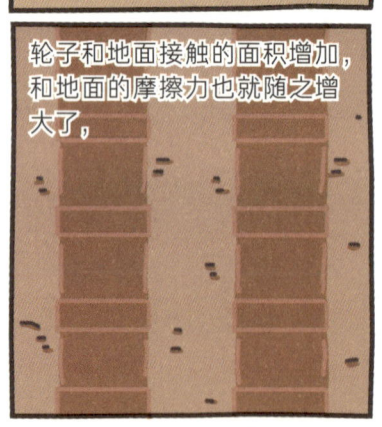

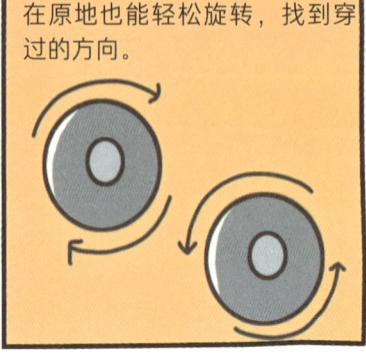

那么车轮不仅会陷进地里， **扑腾**	还会在泥土路或雪路上打滑，	甚至还很容易爆胎。 "只不过是踩到了一块石头……"
反之，履带就完全不会发生这种事。 "真娇弱啊！你不适合这里。"	面积很宽的履带使车辆的重量得以分散，施加在地面的压力就会变小。	虽然履带会让车辆的重量增加， "身体重量增加了，没事吧？" kg
但是地面受到的压强减小了。因为原本由4个轮子承担的重量，现在由更宽的面积来承担了。 受力面积不同	轮子和地面接触的面积增加，和地面的摩擦力也就随之增大了，	于是就形成了吸附在地面上的力，所以陡坡也能轻松爬上去。 "这种坡度，小菜一碟！"
如果有履带，即使很狭窄的空间也能顺畅通过。	因为两个轮子可以分别移动，在原地也能轻松旋转，找到穿过的方向。	就像毛毛虫一样在地面爬行的履带，虽然速度慢，但是不管什么样的地形都能随心所欲地走！ "即使慢一点也没事，因为任何地方都能到达！"

问题 49
铅笔为什么是六边形的？

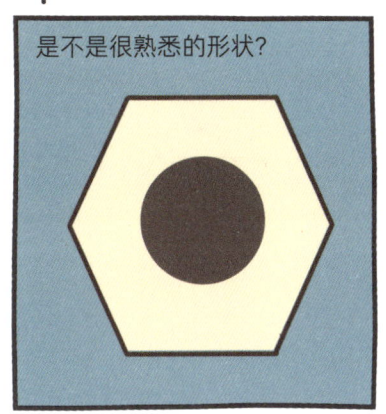

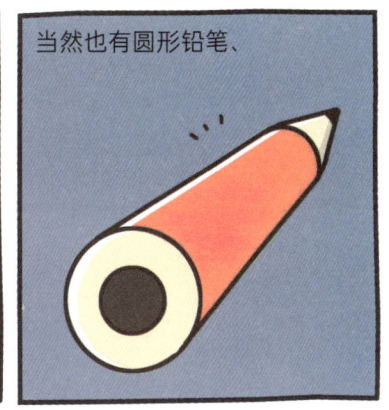

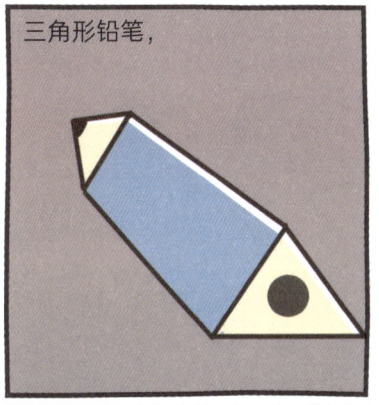

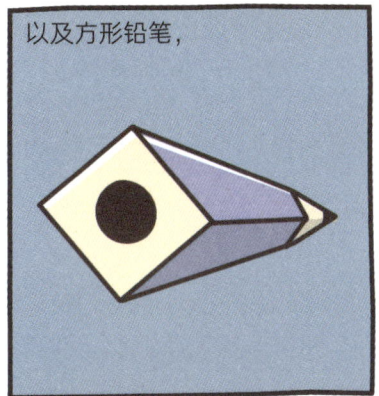

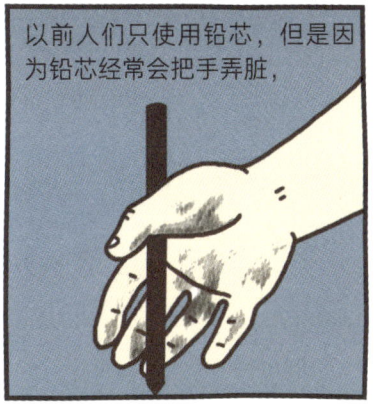

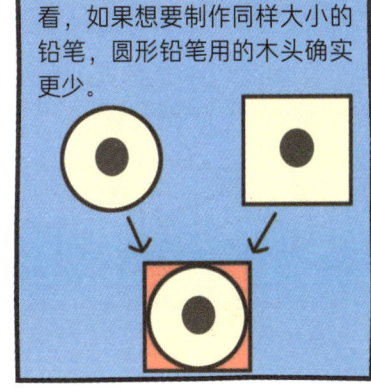

是不是很熟悉的形状？	你好啊！我是铅笔。	当然也有圆形铅笔、
三角形铅笔，	以及方形铅笔，	但是最常见的还是我——六边形铅笔！
以前人们只使用铅芯，但是因为铅芯经常会把手弄脏，	所以开始用粗绳缠着铅芯使用。	后来人们用木头包裹着铅芯。
这是不知道哪个时期出现的方形铅笔，它的历史最悠久。 我是最年长的！	但是方形铅笔使用的树木特别多，严重浪费木材。 全部砍掉做铅笔。	看，如果想要制作同样大小的铅笔，圆形铅笔用的木头确实更少。

119

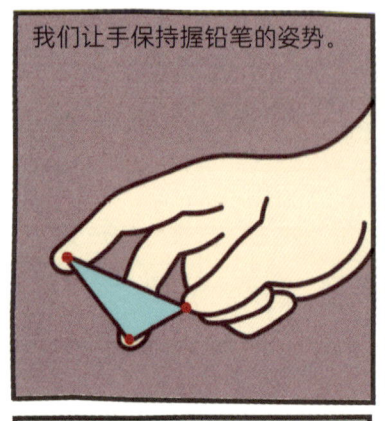

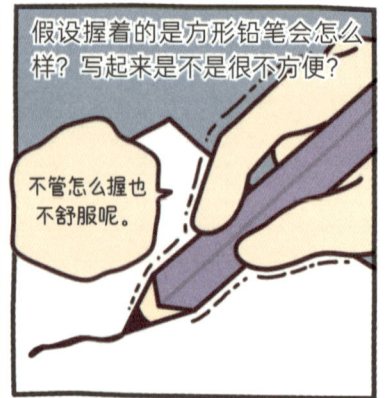

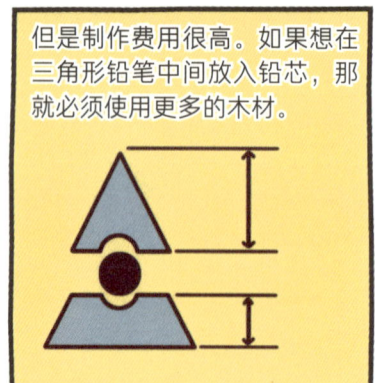

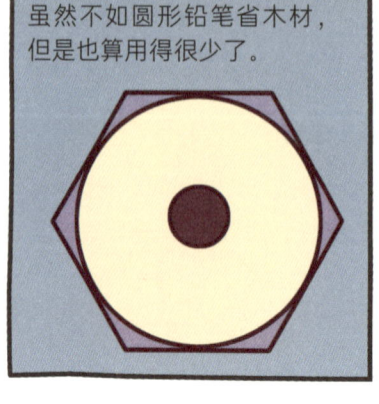

我们让手保持握铅笔的姿势。	假设握着的是方形铅笔会怎么样？写起来是不是很不方便？ 不管怎么握也不舒服呢。	圆形的怎么样？握起来很舒服，但是却容易滚来滚去！ 因为是圆形的，当然会滚啦！这算什么问题！
所以圆形铅笔很容易丢失， 咦，我的铅笔去哪儿了？	而且滚落下去容易摔断铅芯。 哎呀，我的头！	那么用形状最稳定的三角形会怎么样呢？没有滚动的烦恼了吧？ 滚动？什么是滚动？ 我怎么滚动啊？
握笔时用三个指头抓住三个面使用，非常舒服， 握100个小时也很轻松呢。	但是制作费用很高。如果想在三角形铅笔中间放入铅芯，那就必须使用更多的木材。	这是大家期待的六边形铅笔！六边形铅笔集合了各大铅笔的优点，不会到处滚动， 还在刚刚放的地方呢。
握在手中也很舒服。	虽然不如圆形铅笔省木材，但是也算用得很少了。	现在不得不承认，六边形铅笔就是最优的选择！

问题 50
钢笔笔尖为什么是裂开的而且还有个孔?

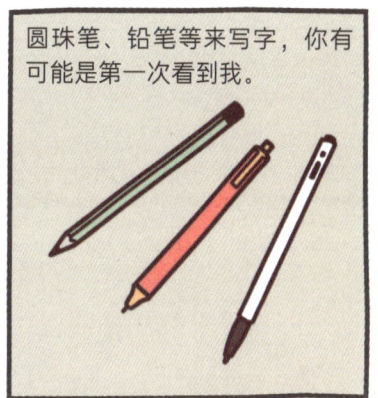

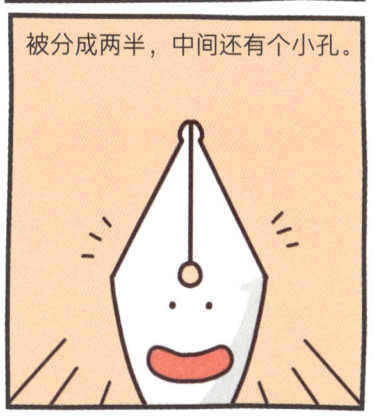

你好!我是钢笔。	现在人们多使用计算机、手机、	圆珠笔、铅笔等来写字,你有可能是第一次看到我。
我和铅笔一样是书写工具,用于写字或画画。	但是我的脸是不是有点奇怪呢?	被分成两半,中间还有个小孔。
其他的书写工具不是这样的,只有我很奇怪。	是制造我的人故意使坏做成这样的吗? 哼!我要把钢笔头做得和我一样丑!	不是的,特意做成这样的形状是为了避免书写不方便。 非常方便!最棒了!
虽然现在大家使用的钢笔都很好用,但是以前的钢笔却非常难用。 太生气了,写不了了!这钢笔怎么这个样子!	钢笔是西方人发明的,以前用羽毛和金属制作而成,	但是羽毛笔需要经常修剪。 咔嚓 咔嚓

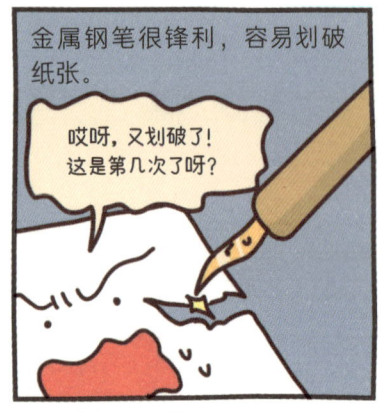

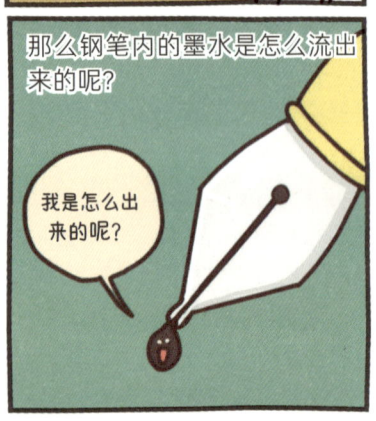

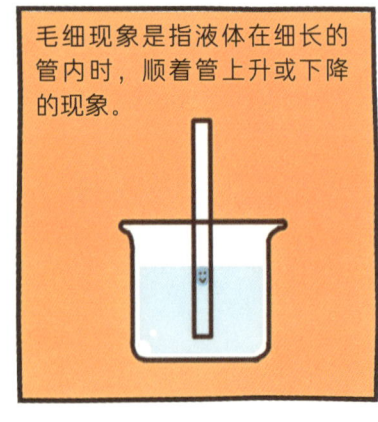

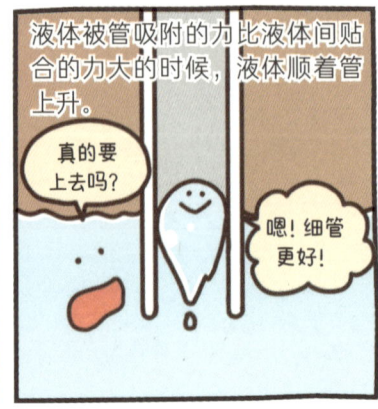

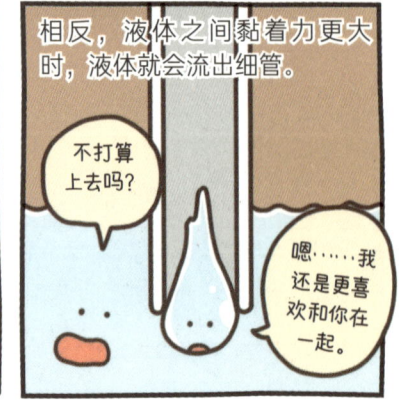

金属钢笔很锋利，容易划破纸张。 哎呀，又划破了！这是第几次了呀？	长时间使用，金属会被墨水腐蚀掉， 因为钢笔破损，写出来的笔画又短又粗……	而且最重要的是，这两种钢笔都必须在墨水里将笔尖浸湿后使用。
如果笔尖的墨水干了，必须再次在墨水里浸湿，如此反复。 为什么这么容易干，烦死了！	为了解决这样那样的不便，我们现在所用的钢笔应运而生了！	现在的钢笔将墨水填充到墨囊里，就不需要再蘸墨水了。 现在不需要我了吗？ 嗯！短时间内不用了！
那么钢笔内的墨水是怎么流出来的呢？ 我是怎么出来的呢？	那就多亏了笔尖裂开的部位和那个小孔！ 全都得益于我啊！	裂开的缝隙能让墨水流出来，就像毛细现象中的管一样。 哇！流出来啦！
毛细现象是指液体在细长的管内时，顺着管上升或下降的现象。	液体被管吸附的力比液体间贴合的力大的时候，液体顺着管上升。 真的要上去吗？ 嗯！细管更好！	相反，液体之间黏着力更大时，液体就会流出细管。 不打算上去吗？ 嗯……我还是更喜欢和你在一起。

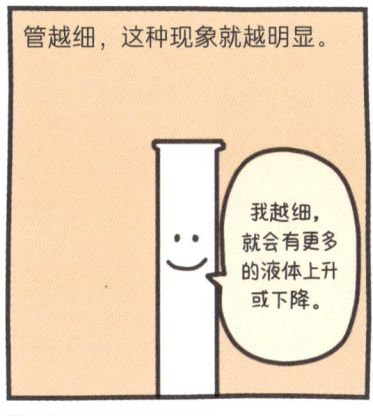

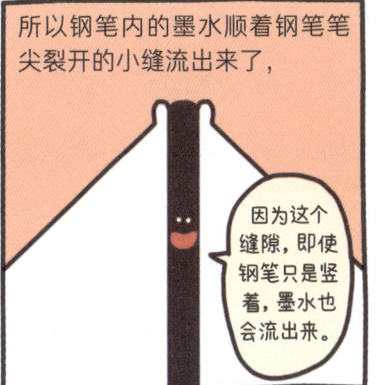

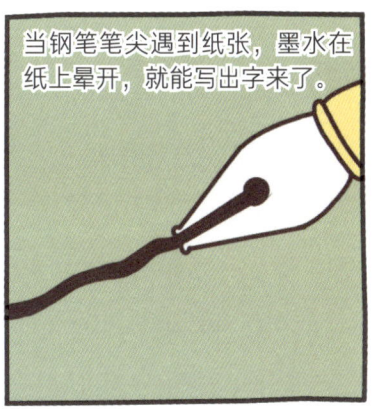

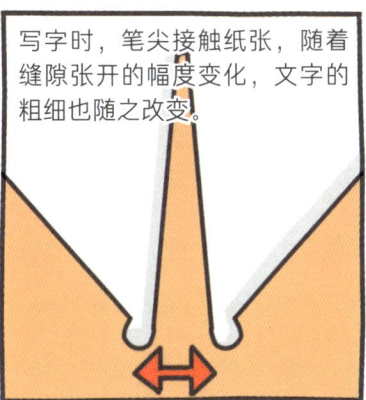

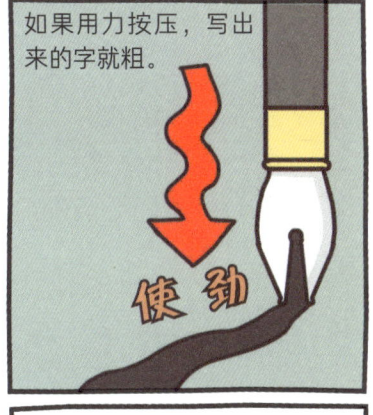

管越细，这种现象就越明显。 "我越细，就会有更多的液体上升或下降。"	所以钢笔内的墨水顺着钢笔笔尖裂开的小缝流出来了， "因为这个缝隙，即使钢笔只是竖着，墨水也会流出来。"	当钢笔笔尖遇到纸张，墨水在纸上晕开，就能写出字来了。
写字时，笔尖接触纸张，随着缝隙张开的幅度变化，文字的粗细也随之改变。	当我们轻轻按压钢笔，写出来的字就细。 轻	如果用力按压，写出来的字就粗。 使劲
笔尖的小孔起到防止墨水流出太多的作用。 "我能让墨水保持在固定量。"	如果钢笔内的墨管被堵住，那么当墨水流出时，内部气压会发生改变。 "墨水减少后舒服多了。"	内部的气压如果频繁发生变化，墨水就有可能一会儿出来得多，一会儿出来得少。 天才 "哎呀，写的字怎么是这样？"
但是因为笔尖上有孔，空气沿着与墨水流出相反的方向进入钢笔， "墨水流出来多少，我们就填补多少空间。"	因此能让墨管内气压维持在固定值，于是流出来的墨水的量也是固定的。 "即使墨水流出去了，我们也要维持固定的气压！"	看起来并不起眼的缝隙和小孔，居然是我身上最重要的结构，是不是很让人惊讶？ "我是不是很神奇啊？"

问题 51
回旋镖上面为什么是鼓起来的？

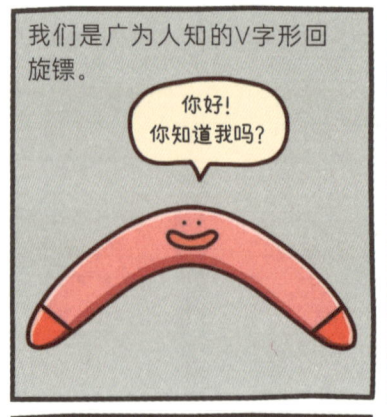

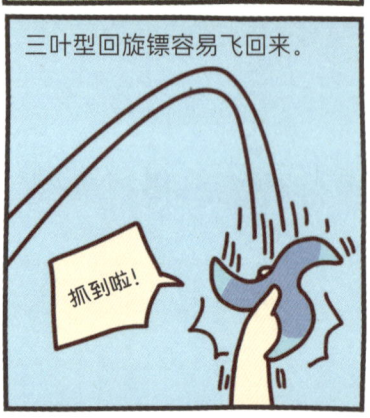

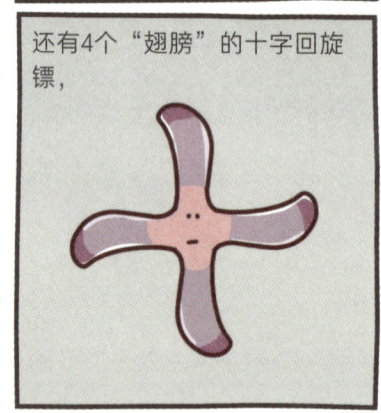

你好！我是回旋镖！你知道回旋镖也有不同的种类吗？

我们是广为人知的V字形回旋镖。

你好！你知道我吗？

虽然飞得远，

但因为空气阻力小，所以对扔的技术要求很高。

怎么总是插到地上？为什么飞不出去呢？为什么呀？

有3个"翅膀"、构成正三角形的三叶型回旋镖。因为"翅膀"多，

空气阻力也比较大，所以飞行距离比V字形回旋镖短。

很了解我呢。

三叶型回旋镖容易飞回来。

抓到啦！

还有4个"翅膀"的十字回旋镖，

因为空气阻力大，飞行距离比三叶型回旋镖短。

怎么回事？你们怎么能飞这么远……

因为很容易飞回来，所以在窄小的空间也能扔。

空间狭窄也没问题哦！

此外，还有很多极具个性、造型独特的回旋镖。

长成这样也能飞起来！

回旋镖的种类真的非常多！

我们都是回旋镖！

124

125

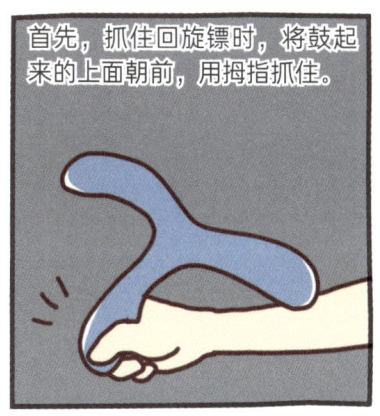

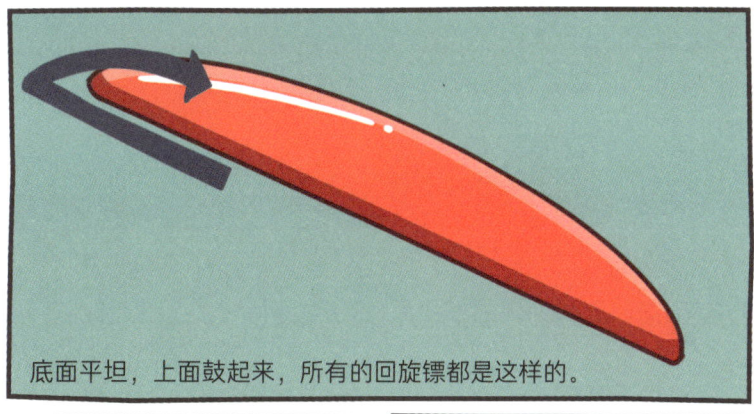

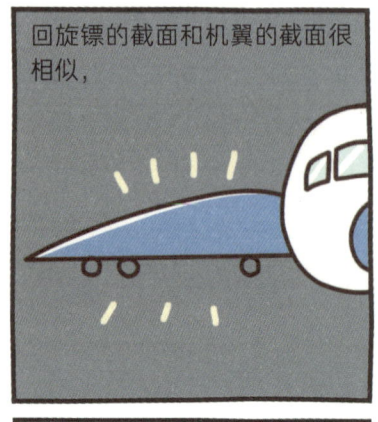

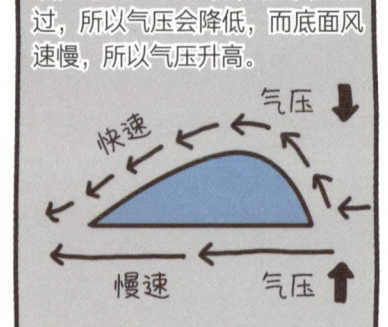

回旋镖的截面和机翼的截面很相似，	鼓起来的上面因为风能快速通过，所以气压会降低，而底面风速慢，所以气压升高。	气压高的底面推着气压低的上面往上升，于是产生了飞起来的浮力。
那么回旋镖为什么会飞回来呢？	回旋镖上方的旋转方向和前进方向一致，所以能快速旋转，而下方则刚好相反。	但是上方的"翅膀"因为遇到很大的空气阻力，速度也渐渐变慢。 怎么办？正在变慢呢。
于是，本来垂直旋转的回旋镖失去平衡，开始往旁边倾斜，	渐渐躺倒，变成水平旋转。如果再倾斜，	前进方向将被改变， 不行，方向被改变了。
所以飞回到了原本扔出的地方。	抓紧	回旋镖的秘密，你现在知道了吗？

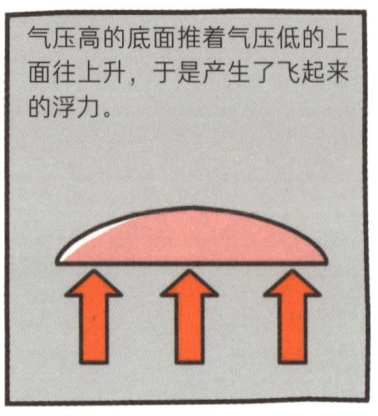

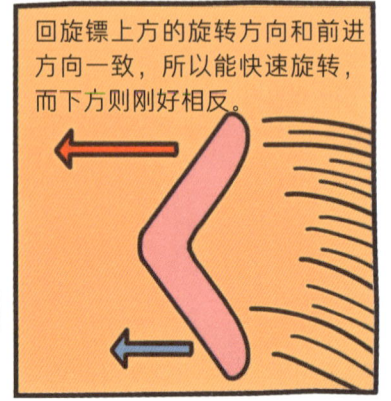

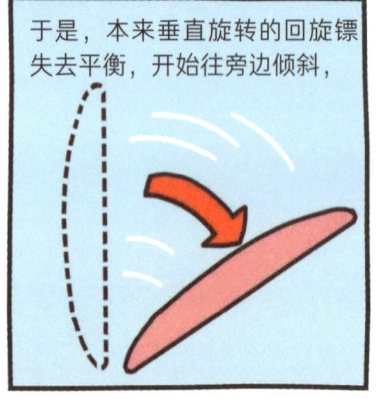

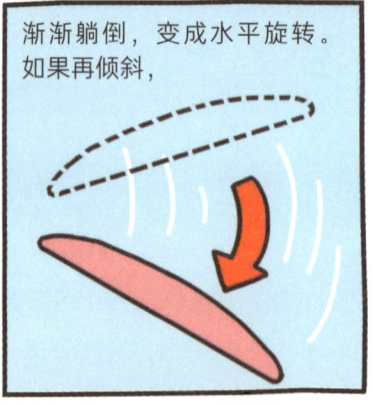

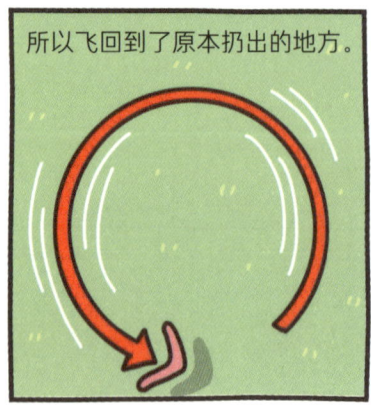

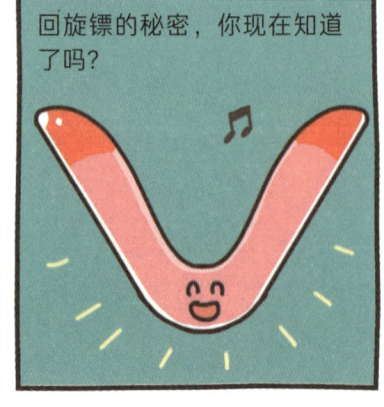

问题 52
滑轮上为什么有很多轮子？

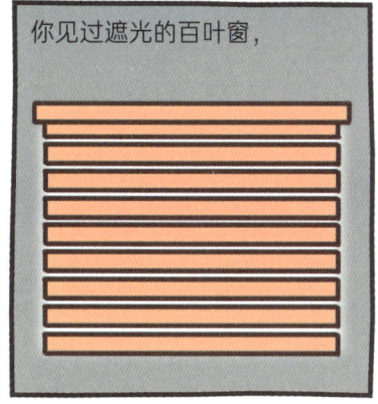

大家好！我是滑轮。	你知道吗？你们每天都会看到我。	但是几乎没有人意识到我的存在。 似乎有什么……但又什么也没有！
我是活跃在黑暗角落里的英雄。	你知道电梯吧？	你看到过塔吊吗？修建高楼大厦时常常能看到。
你见过遮光的百叶窗，	或者旗杆吧？	前面我说的这些全都是利用了我滑轮的物品。
甚至打捞沉船时也需要我的力量。	我就说这么多啦，因为我的嘴好疼啊……	看到这样跟跟跄跄的我，

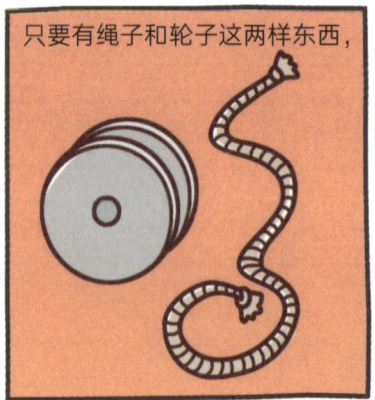

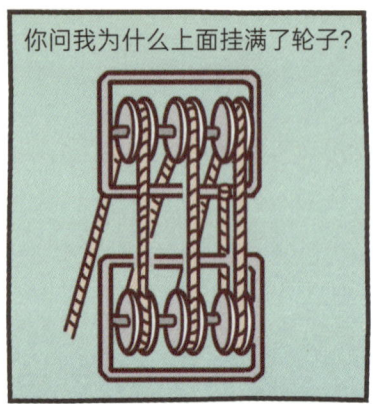

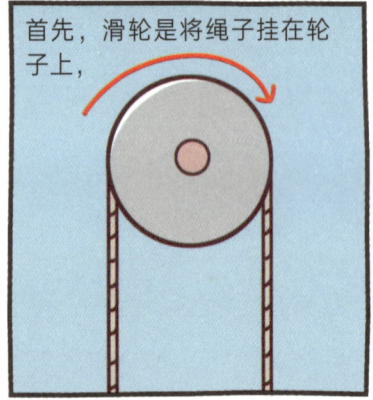

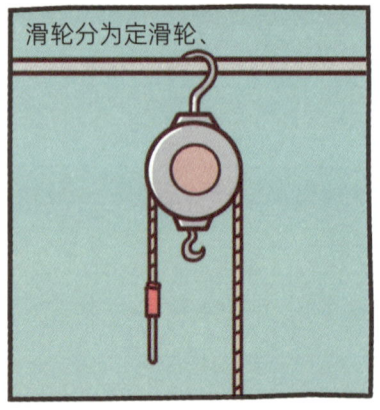

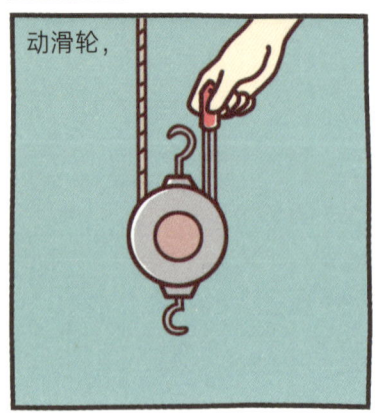

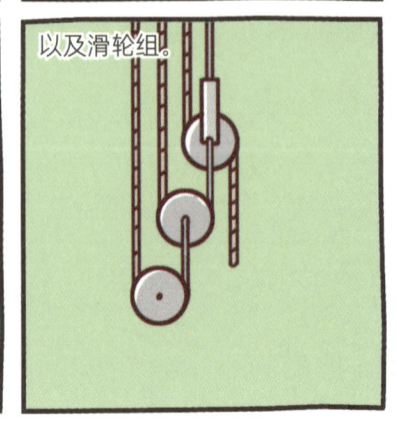

你是不是不相信我身怀巨大的力量?	只要有绳子和轮子这两样东西,	我,滑轮,就能举起任何东西!
你问我为什么上面挂满了轮子?	不要太心急,	我从头开始一一告诉你。
首先,滑轮是将绳子挂在轮子上,	用来提物体的装置。	滑轮分为定滑轮、
动滑轮,	以及滑轮组。	定滑轮是轮子固定之后挂上绳子使用的滑轮。 我被这样固定住了。

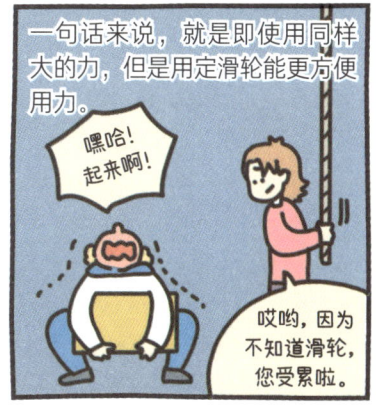

绳子一端挂上想举起来的物体，	用力拉另一端的绳子就可以了。 "拉绳子就能让物体上来啦！"	使用定滑轮和直接抬物体花的力是一样的。 "直接举……" "和使用滑轮花的力是一样大的？"
等一下，要听完我说的话才行呀！	但是，定滑轮能改变力的方向！ "力的方向？那是什么？"	如果想直接将物体举起来，就需要使用从下往上的力， "嘿哟！"
但是如果使用了定滑轮，使用的就是从上往下的力了。	搬动重物时，比起向上抬物体， "哎呀……都装了些什么，怎么这么重！"	向下拉绳子会更方便。 "看我，要是重的话，挂上去就行了！"
如果添加了滑轮，并不是一定要往下拉绳子， "只要放好了滑轮，那么不管往哪个方向拉都可以！"	也可以像拔河一样，往旁边拉绳子。	一句话来说，就是即使用同样大的力，但是用定滑轮能更方便用力。 "嘿哈！起来啊！" "哎哟，因为不知道滑轮，您受累啦。"

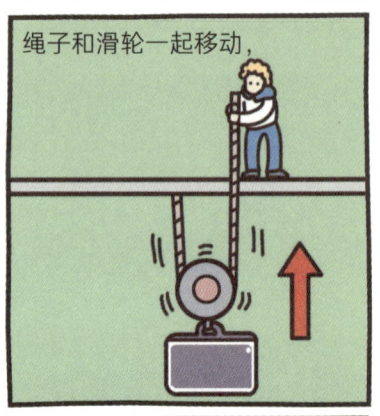

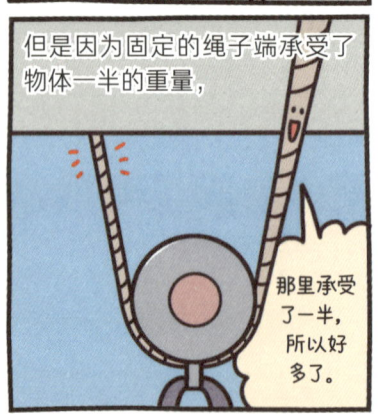

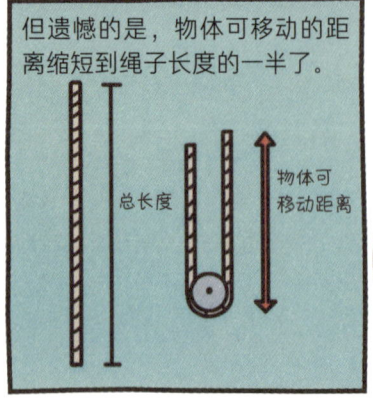

如果想减少抬物体时花的力气, 我只想要舒服一点……	那就需要用动滑轮了。 定滑轮走吧！我动滑轮来了!	动滑轮是将绳子固定住,在绳子上悬挂滑轮的方式。 这次要固定我了! 我爬到绳子上来了。
将要抬的物体挂到滑轮上,	拉动绳子,	绳子和滑轮一起移动,
所以虽然不改变力的方向, 一定是从下往上!	但是因为固定的绳子端承受了物体一半的重量, 那里承受了一半,所以好多了。	所以只用一半的力就能将物体拉起来了。 轻松! 这个很容易呢!
但遗憾的是,物体可移动的距离缩短到绳子长度的一半了。 总长度　物体可移动距离	这也是没有办法的事情,因为绳子折成两半了。 不能再往前走了吗? 毕竟省了不少力嘛。	所以如果想将物体移动1米的话, 看看这个。

130

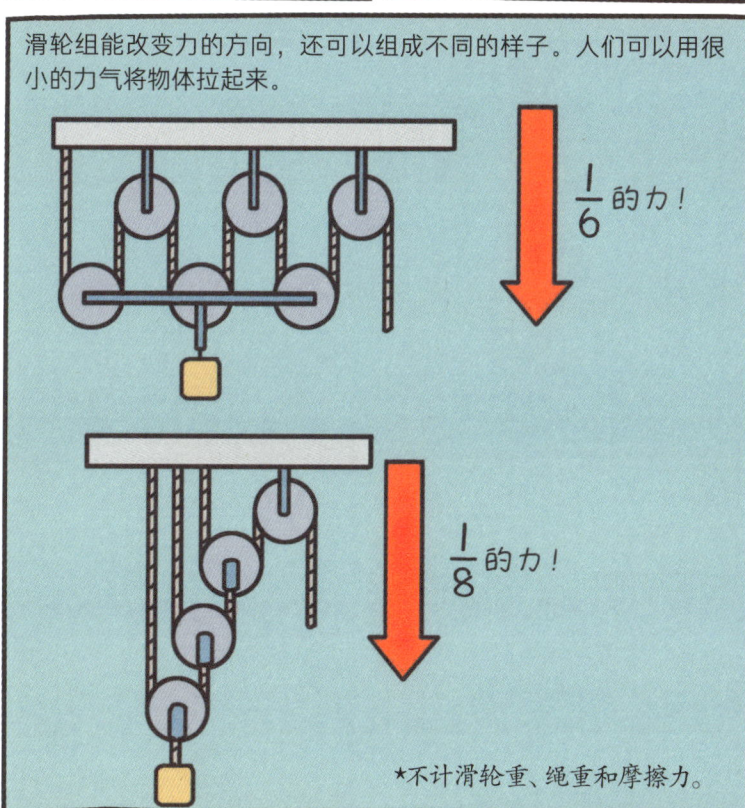

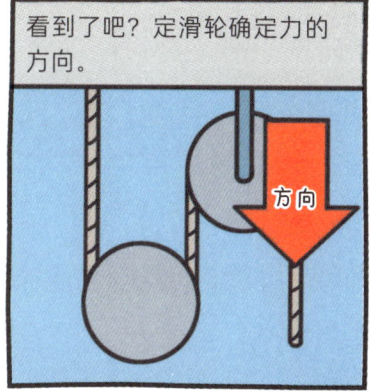

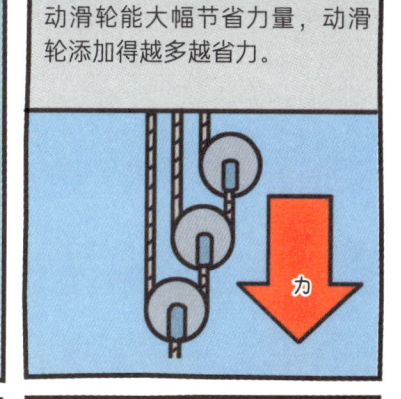

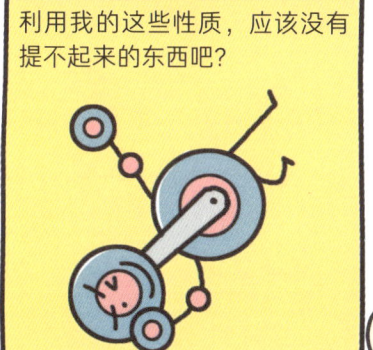

那么需要2米长的绳子。 "不行,得拿更长的绳子来。" "是!!!"	只有拉2米长的绳子,物体才能移动1米的距离。 "干得好!"	滑轮组是将定滑轮和动滑轮结合起来的无敌滑轮。 "固定的轮子!" "和固定的绳子的结合!"
滑轮组能改变力的方向,还可以组成不同的样子。人们可以用很小的力气将物体拉起来。 $\frac{1}{6}$的力! $\frac{1}{8}$的力! *不计滑轮重、绳重和摩擦力。	看到了吧?定滑轮确定力的方向。 方向	
		动滑轮能大幅节省力量,动滑轮添加得越多越省力。 力
利用我的这些性质,应该没有提不起来的东西吧?	滑轮上为什么挂满了轮子的这个问题,你知道答案了吗? "现在不觉得难了。"	挂满轮子是为了能更轻松地将物体提起来。

问题 53
热饮吸管为什么长这样?

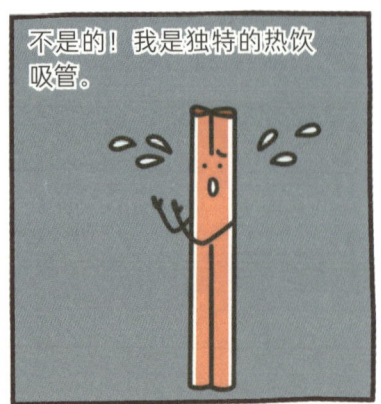

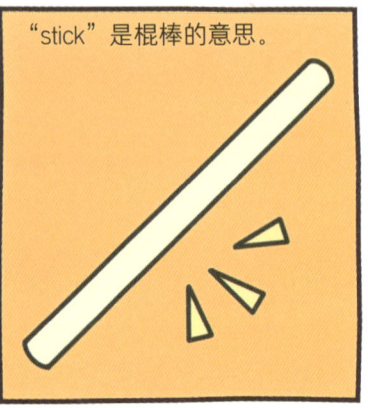

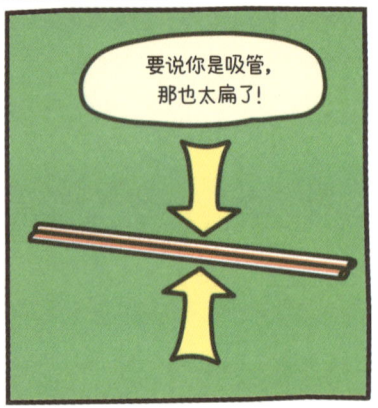

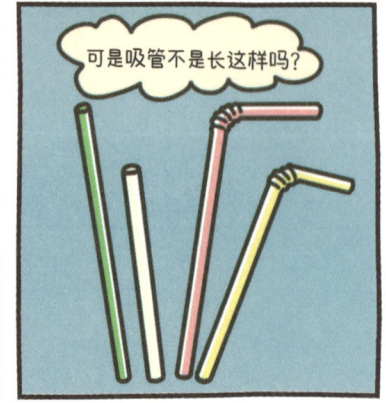

你们好!我是热饮吸管。

什么?你不是两根粘在一起的吸管吗?

不是的!我是独特的热饮吸管。

我的英文名是 sip stick。

SIP STICK

"sip"是啜饮,小口喝的意思,

"stick"是棍棒的意思。

所以我是小口喝饮料时使用的吸管。

不好意思,你的话我一句都不相信。

要说你是吸管,那也太扁了!

我也有两个孔!

那你也许是吸管吧。

可是吸管不是长这样吗?

132

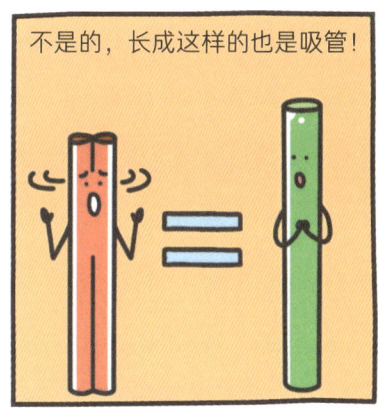

你算什么吸管呀!	不是的，长成这样的也是吸管!	我只不过是做出来让人们喝热饮时使用的，所以形状很独特。
你想一想，如果用普通吸管喝热饮会怎么样？	太烫了会烫到嘴，肯定会吐出来!	因为吸管里没有让热饮料变凉的缝隙，
而且一次吸入嘴里的量太多。	但是因为我是扁平的，所以吸入吸管中的量比较少。	而且有两个孔的话，能有更多的面积让饮料与周围发生温度交换，
因此能让热饮快速变凉，	人们可以小口小口去喝。	但是如果完全依赖我，一次吸得太多、太用力也不行。

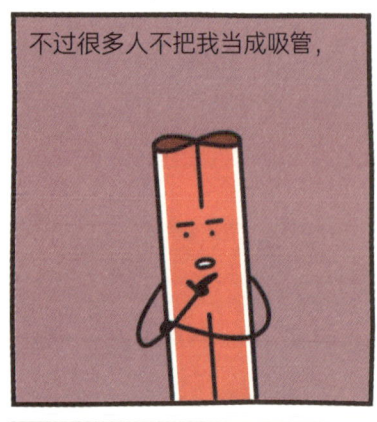

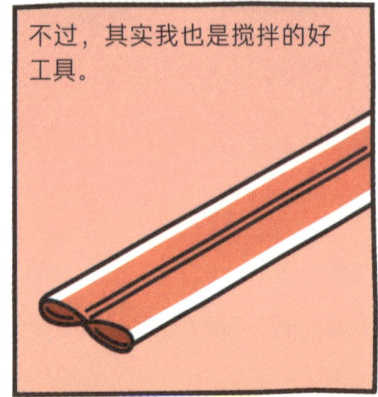

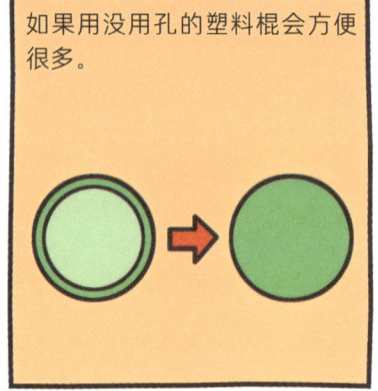

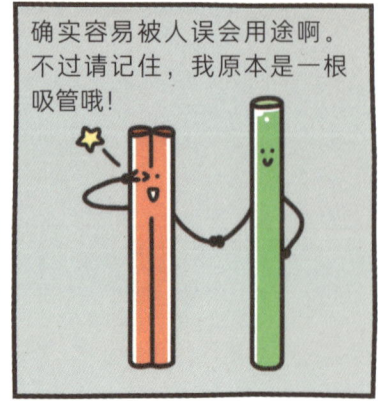

不过很多人不把我当成吸管，	而是将我用作搅拌的工具，	也不会和普通吸管一样，用我喝凉饮料。
因为我很扁平吗？	不过，其实我也是搅拌的好工具。	如果用普通吸管搅拌上面堆着奶油的饮料，
吸管的小孔会被奶油堵住，很不方便。	如果用没用孔的塑料棍会方便很多。	如果塑料棍做得太薄会浮在中间，
如果做得太厚，使用又不方便。	因为我是扁平的，还有孔，能很好地搅拌，而且还不会浮起来……	确实容易被人误会用途啊。不过请记住，我原本是一根吸管哦！

问题 54
椅子为什么有4条腿？

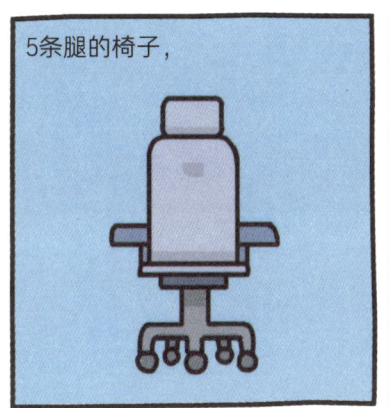

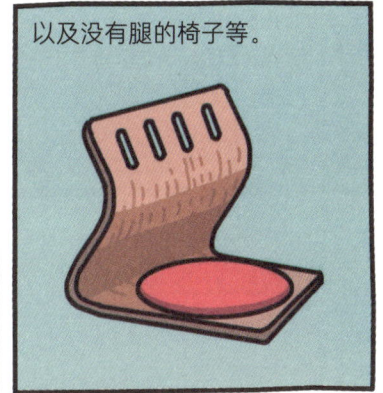

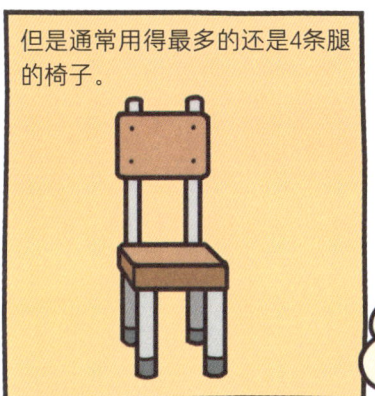

虽然椅子的种类很多，有3条腿的椅子、

5条腿的椅子，

以及没有腿的椅子等。

但是通常用得最多的还是4条腿的椅子。

为什么呢？是因为好看吗？

看看这把椅子，太漂亮了！

还是因为制作过程中花费较少？

老板是傻瓜吗？居然说4条腿的椅子省钱！

全部错了！

让我来告诉你真正的原因。

你看到过书桌或椅子摇晃吗？

嘎吱 嘎吱

如果桌椅摇晃，那就必须用纸张垫上，这样才能保持平衡。

为什么会发生这种事呢？你可能会觉得是因为椅子腿磨损了才这样的。

不是吗？

但是这话也不全对。

你骗人！

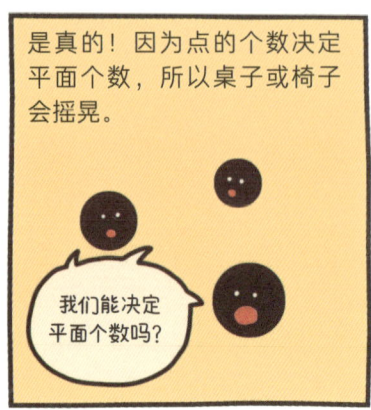

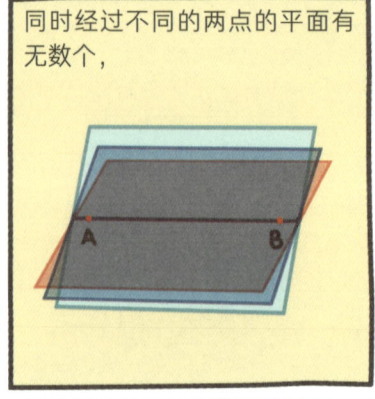

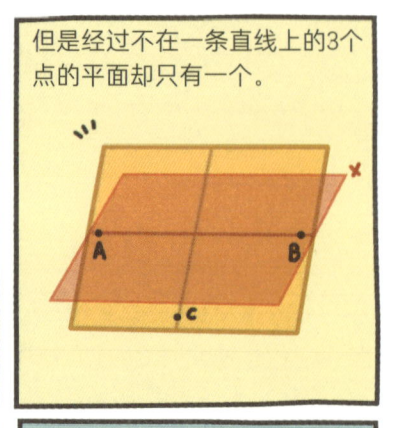

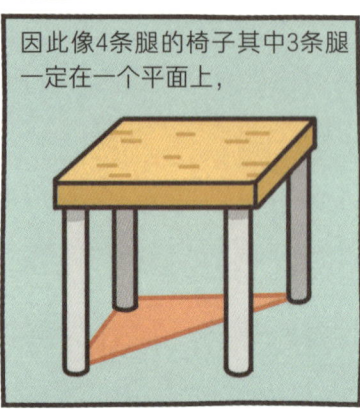

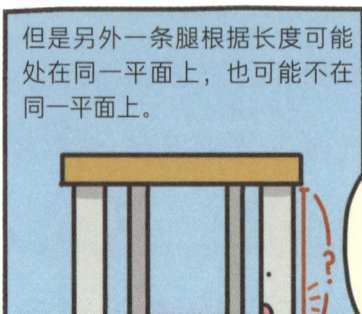

是真的！因为点的个数决定平面个数，所以桌子或椅子会摇晃。 我们能决定平面个数吗？	同时经过不同的两点的平面有无数个，	但是经过不在一条直线上的3个点的平面却只有一个。
因此像4条腿的椅子其中3条腿一定在一个平面上，	但是另外一条腿根据长度可能处在同一平面上，也可能不在同一平面上。	而且，即使椅子的4条腿长度相同，如果地面不平，椅子也会摇晃。 这个不是我的腿的问题！
如果椅子有3条腿，不管周围环境或腿的长度怎么变，所有腿都接触地面的椅子并不会摇晃。 如果有3条腿，那就没有关系了。	三脚架、	腿受伤时拄拐也是同样的原理。
尽管如此，为什么还是4条腿的椅子最受欢迎呢？	这个就和安全性有关了。 哎呀！摔倒了！	如果是3条腿的椅子，当人们移动身体时，

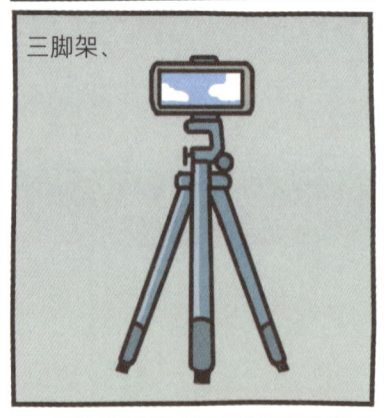

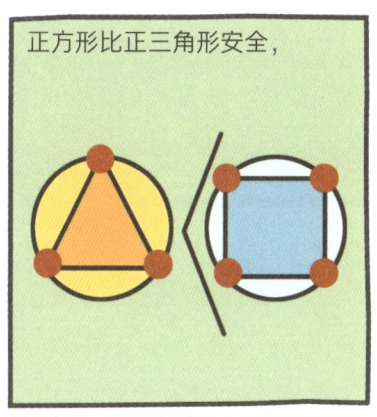

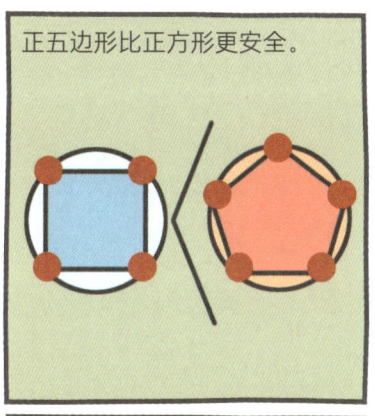

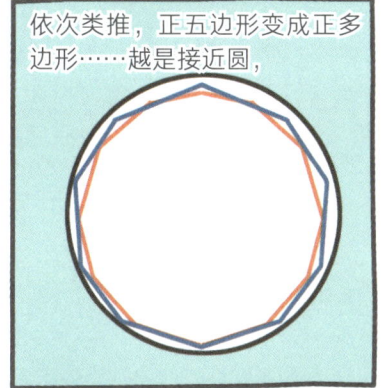

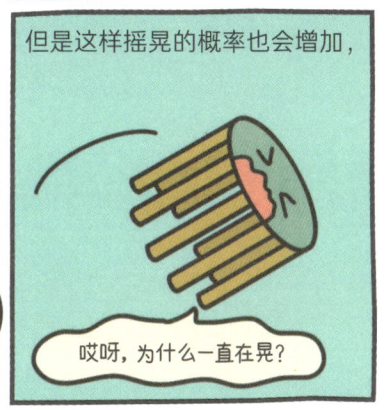

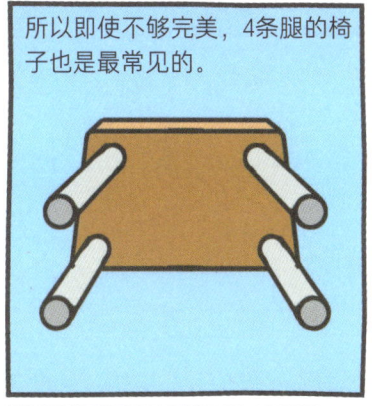

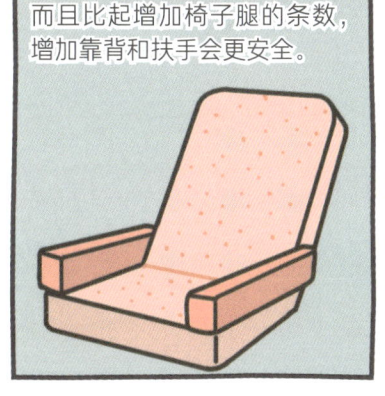

如果身体的重心转移到椅子腿构成的三角形区域之外，椅子就很容易失去平衡，导致人们摔倒。	虽然4条腿的椅子也可能会这样，但是身体移出方形区域之外的概率比三角形低。 这个还不错，应该不会摔倒吧？	正方形比正三角形安全，
正五边形比正方形更安全。	依次类推，正五边形变成正多边形……越是接近圆，	身体重心越不容易翻出正多边形的边缘。 让我摔一次吧！
如果椅子腿数量多于4条会更安全， 我是地球上最安全的椅子。	但是这样摇晃的概率也会增加， 哎呀，为什么一直在晃？	所以即使不够完美，4条腿的椅子也是最常见的。
而且比起增加椅子腿的条数，增加靠背和扶手会更安全。	靠背和扶手能让我们的姿势更舒服， 呼，真舒服！	不过在一定程度上限制了我们的移动空间，但这样能稳定我们身体的重心，坐着更安全。 安全

问题 55
比萨中间为什么放一个三脚支架？

大家好！我叫"比萨拯救者"（Pizza Saver）。

我是保护比萨的！

打开外卖比萨盒就能看到我了，

不管什么牌子的比萨，

什么味道的比萨。

如果问我是怎么保护比萨的……

那就是保护比萨远离盒盖！

因为比萨不是一做好就放进盒子里，

然后进行配送的。

而是这样先切好之后，放进盒子里再给顾客配送的，

这样人们吃比萨才方便。

但是以切开的状态配送的话，

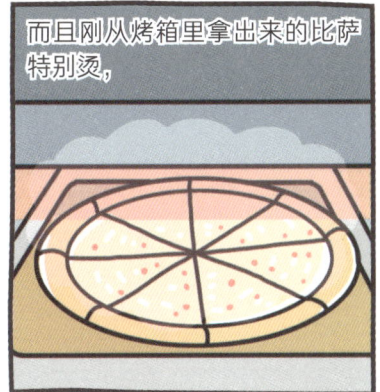

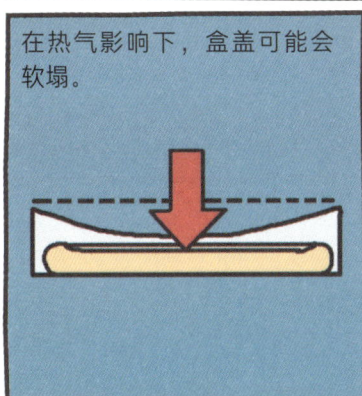

等比萨送到时,有可能就挤成一团了!	而且刚从烤箱里拿出来的比萨特别烫,	热乎乎的比萨放在盒子里,**热乎乎**
在热气影响下,盒盖可能会软塌。	这样会发生什么呢?	塌陷的盒盖会和芝士粘到一起,变成这个样子!**滋啦**
大家不想看到这种惨状吧?	不用担心,有我在!	用三个脚固定住比萨,
再用我结实的脊梁撑住,不让比萨接触到盒盖!**结实**	至于为什么有三个脚,原因和椅子相似。记得我吗?	以后吃比萨时要先谢谢我再吃哦! 谢谢你!

问题 56
生鱼片下面铺的像面一样的东西是什么？

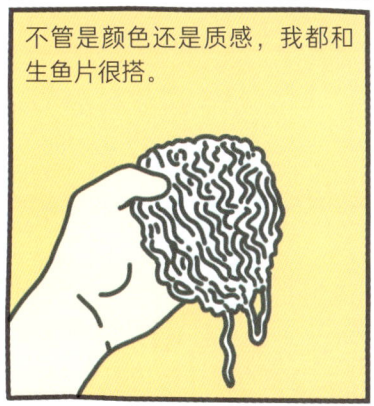

我是作为吃了不长肉的健康食品被研发出来的——	正经食品。	虽然不知道怎么就被垫在生鱼片下面了。
即使这样,我也有自己独特的作用。 都是有原因才铺的!	如果没有任何装饰,直接将生鱼摆盘,看起来空荡荡的。 怎么看起来没有几片似的……	如果将我垫在下面,看起来是不是很丰盛? 一定很美味!快把筷子拿来!
不管是颜色还是质感,我都和生鱼片很搭。	而且我几乎没有气味,所以也不会改变生鱼片的味道。	更重要的是,我能让生鱼片保持湿润!
我含有水分,很湿润! 因为我是煮出来的!	所以放在我上面的生鱼片不会变干,而会保持湿润。	将生鱼片放在空盘子上很快就会变干,味道也会流失。 呕!

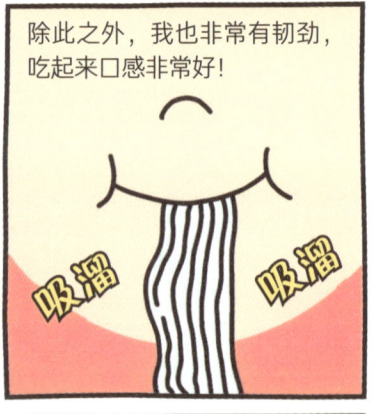

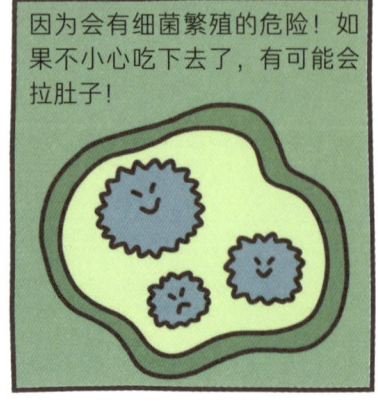

我是由海带和石花菜中一种名为藻酸的成分制作而成的。	海带黏黏糊糊的手感就是藻酸带来的。	藻酸能促进肠道运动，
进而促进排便，	所以缓解便秘的效果很好。	对遏制肥胖也有一定的效果，
卡路里也很低，	所以用藻酸制作的天使菜也是一种减肥食品。	除此之外，我也非常有韧劲，吃起来口感非常好！
这样的我居然被当作塑料，是不是太过分了？ 怎么能这样嘛……	啊，对了！当我被垫在生鱼片底部的时候还是不要吃了。 等一下！快停下！不要吃！	因为会有细菌繁殖的危险！如果不小心吃下去了，有可能会拉肚子！

问题 57
洗衣机的样子为什么不同？

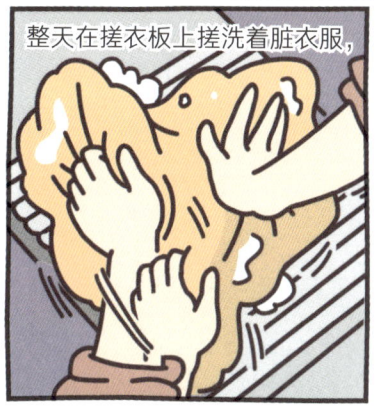

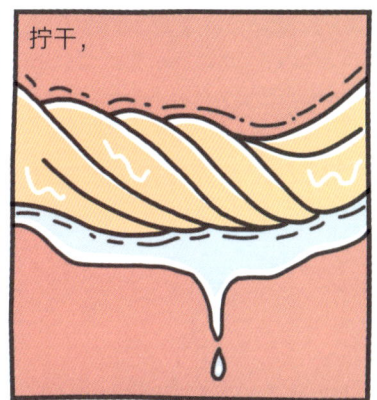

在过去，洗衣服是一件非常大的事情。	人们拿着搓衣板和棒槌，	去有水的地方，
整天在搓衣板上搓洗着脏衣服，	用棒槌捶打，	拧干，
再将衣服拿回家里，	挂在晾衣绳上……	非常辛苦。每天洗这么多衣服，真受不了！
所以洗衣机的发明是多么有意义啊！	即便不说我们也知道。只要买那个就可以了！！！	现在只要按下几个按钮，

143

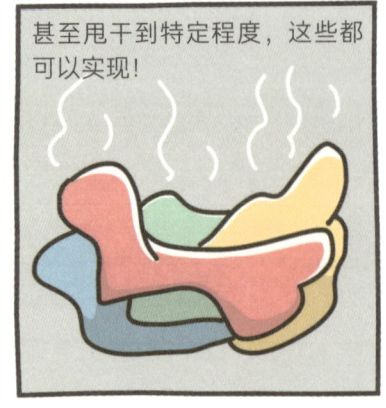

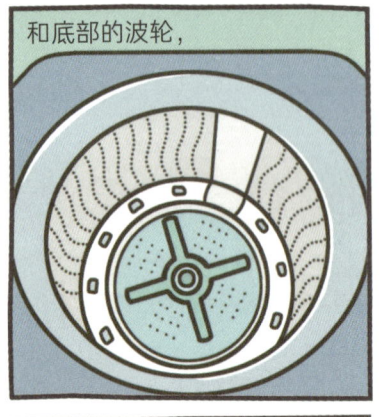

从清洗、	脱水， 嗡嗡嗡嗡	甚至甩干到特定程度，这些都可以实现！
不过洗衣机也不都是一样的， 我是波轮式！	因为洗衣服的方法不同。 我是滚筒式！ 我们两个各有优缺点。	波轮洗衣机是利用洗衣机的桶
和底部的波轮，	在朝相反方向旋转的过程中， 我朝这个方向！ 我朝这个方向！	让水产生强烈的冲力， 唰啦啦
并依靠水自身的重量，	来洗涤脏衣服的。	如果水和脏衣服之间的摩擦力大，那就清洁得比较干净，

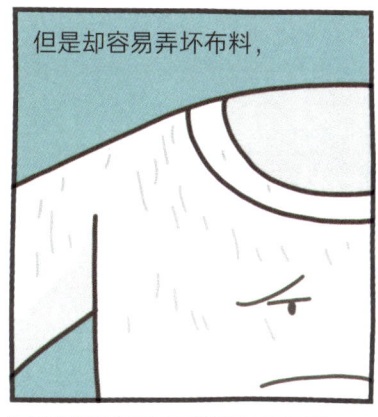

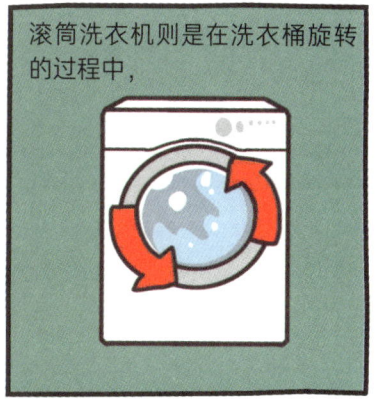

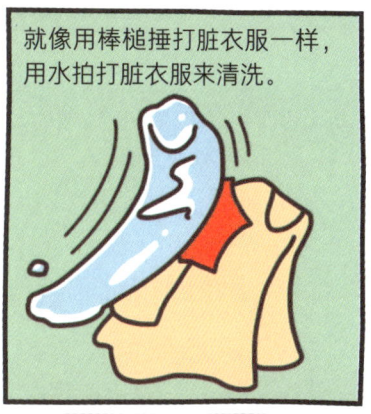

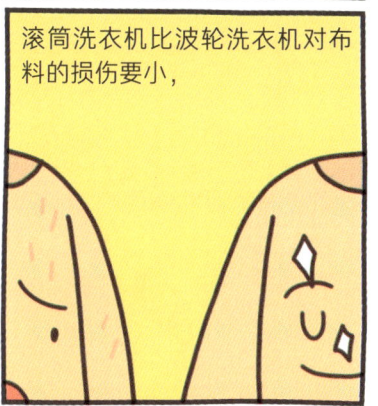

但是却容易弄坏布料,	而且要使用很多水。	滚筒洗衣机则是在洗衣桶旋转的过程中,
将脏衣服和水从上甩到下,	通过掉落产生的力将脏衣服上的污垢洗干净。	就像用棒槌捶打脏衣服一样,用水拍打脏衣服来清洗。
滚筒洗衣机比波轮洗衣机对布料的损伤要小,	使用的水也更少。	但滚筒洗衣机耗电量较大,
且洗衣服的时间更长。	而且衣服最多只能装到桶容量的70%,这是一个很大的缺点。	本以为只有外形不同,没想到原来连里面也很不一样吧?

问题 58
暖手宝中为什么有一个按扣？

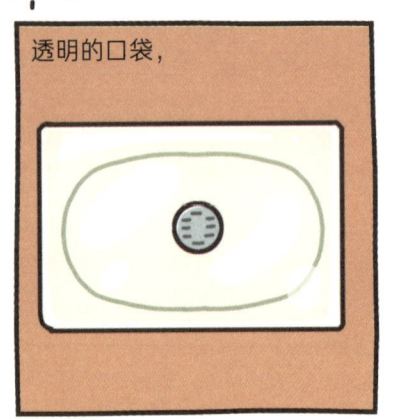

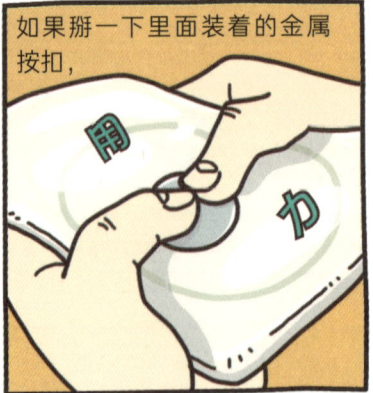

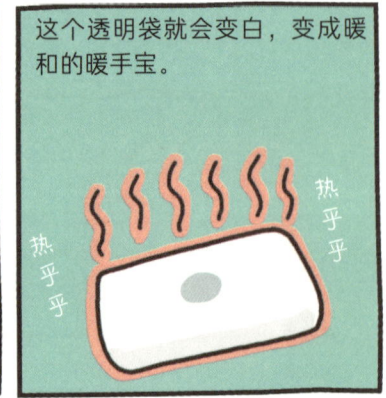

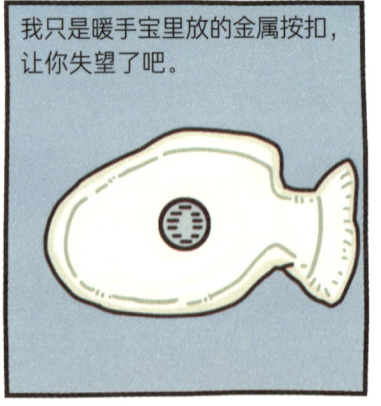

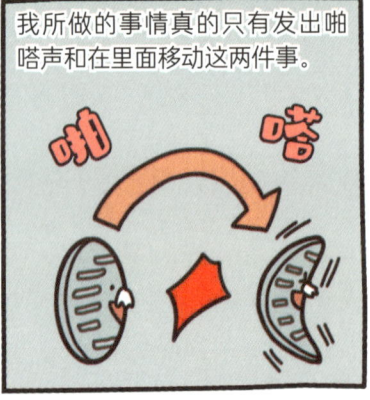

透明的口袋，

如果掰一下里面装着的金属按扣，

这个透明袋就会变白，变成暖和的暖手宝。

甚至如果放进沸腾的水里，

它还能重复使用。

明天也要用。

这分明是金属按扣变的戏法！

你是谁？从哪里学来的？

不好意思，不是这样的。

我只是暖手宝里放的金属按扣，让你失望了吧。

我所做的事情真的只有发出啪嗒声和在里面移动这两件事。

暖手宝的秘密在里面装着的液体里。

我吗？

你可能已经猜出来了，暖手宝里装的液体并不是水。

并不是所有透明的液体都是水。

暖手宝里装的是醋酸钠。

过饱和状态，你知道是什么意思吗？
像这样气冲冲的状态吗？
过饱和状态是指某种物质在液体中溶解过多的状态。
快撑死了。
举个例子，往水里放盐会怎么样？
食盐
盐溶化后消失了。
如果继续往水里放更多盐，
哗
哗
哗
哎呀，再倒就不行了呢？
盐将无法被溶解，会沉到底部。
已经吃了太多了。
因为超过了水能溶解盐的限度。
我们好好相处吧！
我不要。
但是如果具备特定条件，即使超出了界限，所有的盐也能被溶解掉。
听到了吧？你现在已经死了。
暖手宝里装的醋酸钠就处于这种过饱和状态。
这么多全溶解了，太神奇了！
事实上这种状态是非常不稳定的，
有很多朋友，虽然很开心，但太挤了。
即使只是微弱的冲击，也能引起变化。
嗒
怎么回事？怎么合到一起了！
所以掰一下我，内部冲击就被传递出去了，

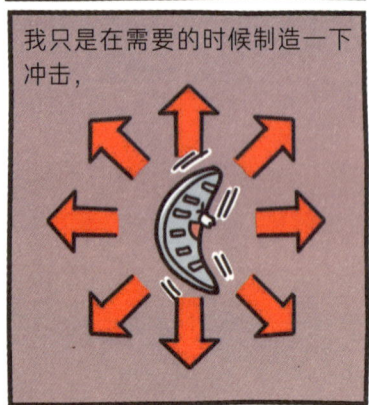

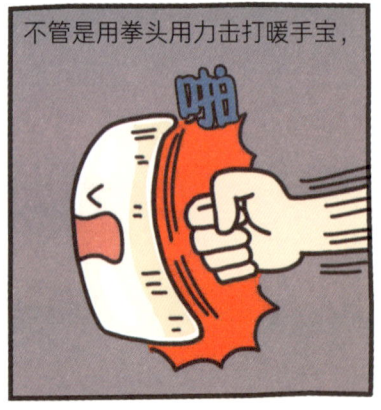

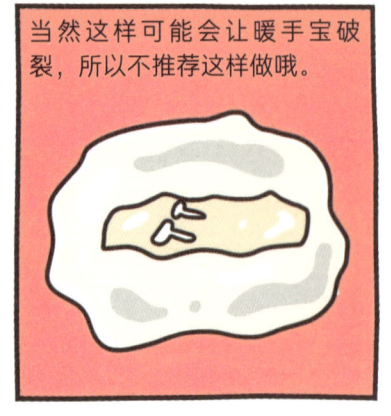

液体凝结成固体，变成白色。	这时醋酸钠液体状态时携带的热量， 呜……本来是我精心珍藏的……	发散出去，
暖手宝才能起到暖手的作用。 哎呀，好暖和。	所以是暖手宝里装的液体很了不起， 嘿嘿，我是不是很了不起啊？	我其实没有什么了不起的，
我只是在需要的时候制造一下冲击，	这件事即便没有我也能做到， 原来你并不是必需的呀？ 那个，可以这么说。	不管是用拳头用力击打暖手宝， 啪
还是将暖手宝摔到地上， 嘿！ 啪	甚至用脚踩也能做到。 哎呀呀！ 啪	当然这样可能会让暖手宝破裂，所以不推荐这样做哦。

问题 59
高压锅顶部为什么有手柄？

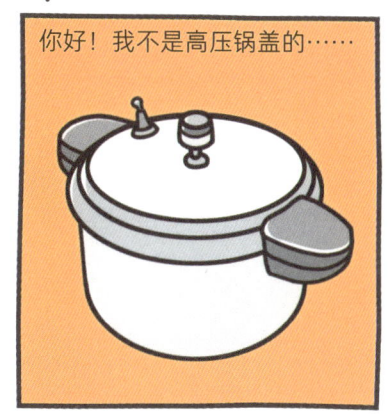

你好！我不是高压锅盖的……

手柄。

我是压力阀！因为我在汤锅锅盖手柄的位置，所以很多人会搞混。

用高压锅做饭时，

你看到过我认真"跳舞"的样子吗？

同时还会喷出白色的蒸汽！

你知道我为什么会兴奋地摇晃身体吗？

是因为喜欢做饭吗？

错！我是为了人们的安全，没想到吧？

接下来，我将告诉你我精彩的表现。

得意　得意

你听过这样的说法吗？

什么说法？

用高压锅做出来的米饭更美味，

而且米饭熟得更快。

妈妈，要是用高压锅做的话应该早就已经吃完饭、洗完碗了。

149

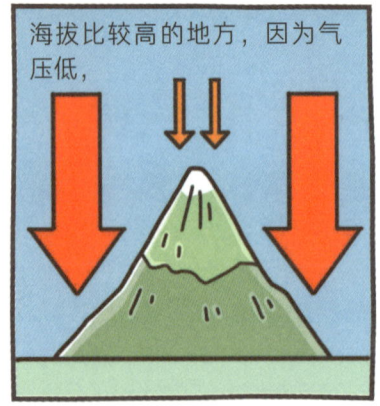

这并不是心理作用。 "不是心情的缘故吗?"	这是事实。 "真的是这样吗?" "当然!"	通常水在100摄氏度时沸腾,
不论是煮方便面的水,	还是冲咖啡的水,	不管天气多热,水都是在100摄氏度沸腾。 "只有到了100度才会咕嘟咕嘟沸腾!"
但是如果环境发生改变,水沸腾的温度自然也会发生变化。 "你是怎么知道我的秘密的?"	海拔比较高的地方,因为气压低,	水在低于100摄氏度时就会沸腾。 "很快就沸腾了呢?"
在太空中只要达到70摄氏度,水就能沸腾了。 "你知道太空食品吗?"	那么反之,如果气压高的话会怎么样呢? "难、难道……"	没错,水要高于100摄氏度才能沸腾。 "是100度吗?怎么还这么平静呢?"

高压锅正是利用了这一点，"只要用结实的锅盖盖住就可以了。"	让里面的蒸汽跑不出去，"怎么回事？出不去了！"	这样就能增加压力。"对不起，将你压碎了！我也是没办法！" "呼，算了算了。"
高压锅内的水在120摄氏度左右的高温下沸腾。咕噜 咕噜 120°C	因为温度高，所以不仅能让食物熟得更快，"饭做好啦。" "这么快？哦，原来是用高压锅做的！"	而且味道更好。"妈妈做的也很好吃啊！" "当然啦，因为用了高压锅嘛。"
但是如果压力升得太高，高压锅将承受不住，哆嗦 哆嗦 "再也坚持不住了！"	从而"砰"的一声炸裂。砰	所以用我，
来堵住高压锅锅盖的小孔。	当锅内压力过高时，"不行了，再也受不了了！不管怎么样都得出去！" "冷静点！"	蒸汽会推开我逃出来，嗞

锅内的压力变小，
啊？现在好像好点了。
刚刚不是说受不了了吗？
只留下高压锅能承受得住的压力。
这个程度小菜一碟！
这样重复几次，就能看到我兴奋地摇晃身体的样子。
如果我坏了也不用太担心，
哎呀呀……我的身体有点奇怪……
什么？
为了应对这种情况，锅盖上已经安装了辅助安全装置，
有我安全阀在，不用担心！
用比压力阀更大的力道堵住高压锅盖上的另一个小孔。
这个就是我！
如果压力阀失效了，高压锅的压力特别大，
不用担心。
要坚持不住了！
但安全阀会排出蒸汽。
哎哟哟！
嘀咦
安全阀就是为了防止危险情况。
我好像英雄一样出场了！
即便如此，在使用高压锅时仍然要小心。
不能大意，说不定会变成一个炸弹。
万一锅盖炸裂飞出来，即使离得很远也可能被击中，
砰
哎呀
而那一天就有可能成为不幸的日子！

问题 60
不同球类运动使用的球为什么样子不同?

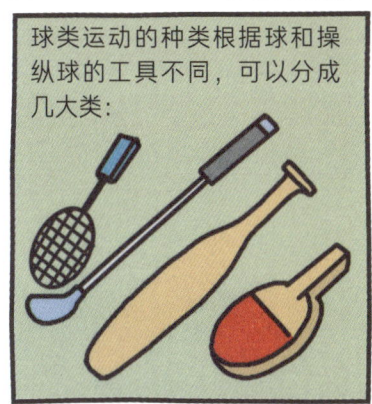

球类运动是指使用球的运动。

足球、

棒球、

乒乓球、

保龄球等。

球类运动的种类根据球和操纵球的工具不同,可以分成几大类:

球型、

网型、

靶型,

以及球棒型。

球型就是将球攻进球门(筐)里的运动,

比如足球、篮球、手球、水球等,不用任何工具将球攻入球门(筐)里就可以。

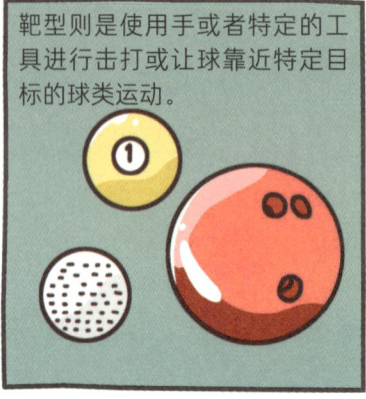

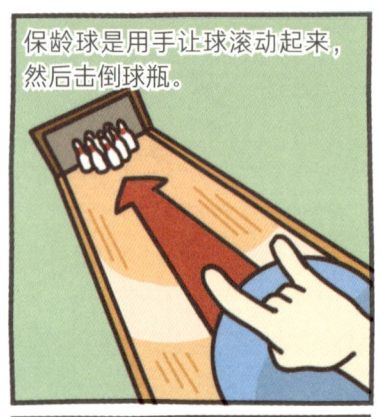

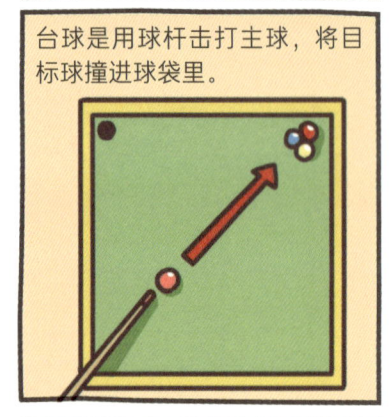

曲棍球、冰球则使用球杆作为工具，将球送入球门。	网型是在场地中间放置球网，将球击打到对方区域。	排球和网式足球都是用球员的手或脚将球击过网。
羽毛球、乒乓球、网球则使用球拍。	靶型则是使用手或者特定的工具进行击打或让球靠近特定目标的球类运动。	保龄球是用手让球滚动起来，然后击倒球瓶。
台球是用球杆击打主球，将目标球撞进球袋里。	高尔夫是使用球杆将球推进洞里。	还有冰壶是将特别制作的石头推到目标内。
球棒型则像棒球一样，使用球棒这种工具将球击打出去。	大多数球类运动以上述四种类型作为基础并延伸。 完全崭新的球类运动可以说几乎没有了。	从这点来说可以这么想， 还想什么呢？

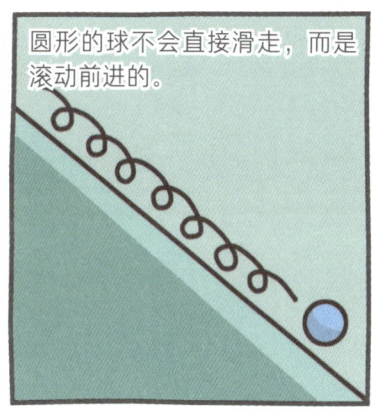

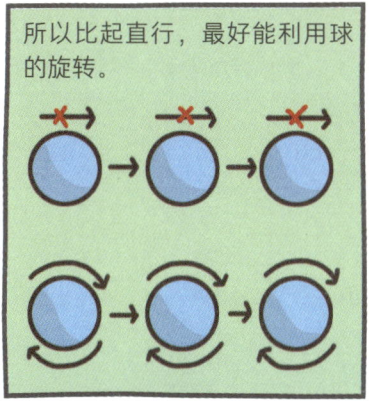

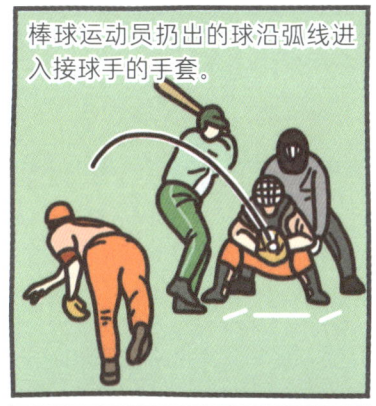

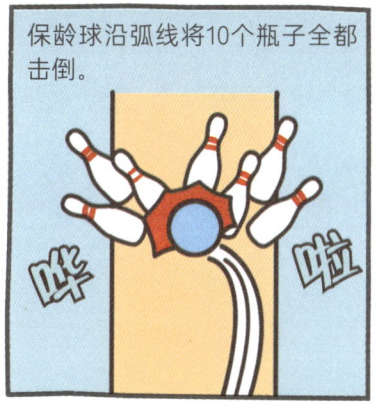

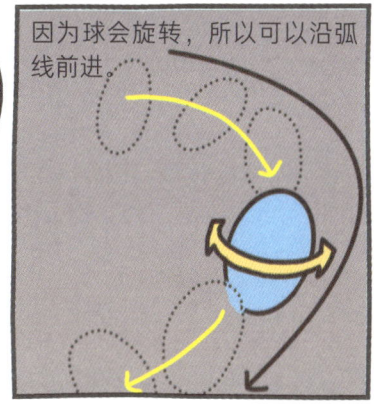

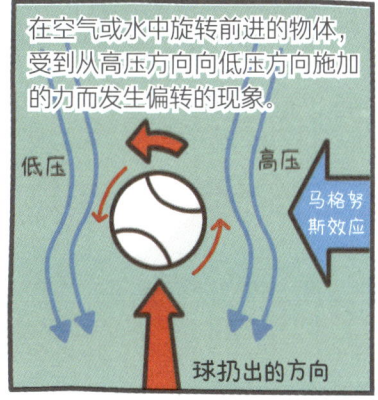

球的形状和特征根据该运动是否使用工具而有所不同。 啊哈！	球类运动使用的球大多数是圆形的吧？	圆形的球不会直接滑走，而是滚动前进的。
所以比起直行，最好能利用球的旋转。	足球运动员踢出的球沿弧线冲击球网。	棒球运动员扔出的球沿弧线进入接球手的手套。
保龄球沿弧线将10个瓶子全都击倒。 哗 啦	这些全都不是魔法。 这些是没有魔法也会发生的事。	因为球会旋转，所以可以沿弧线前进。
这被称作马格努斯效应—— 我叫马格努斯，这个是我发现的！	在空气或水中旋转前进的物体，受到从高压方向向低压方向施加的力而发生偏转的现象。 低压　高压 马格努斯效应 球扔出的方向	马格努斯效应也是流体力学中的一种现象。 无论朝哪边我都可以偏！

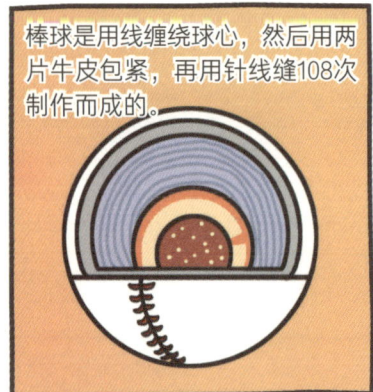

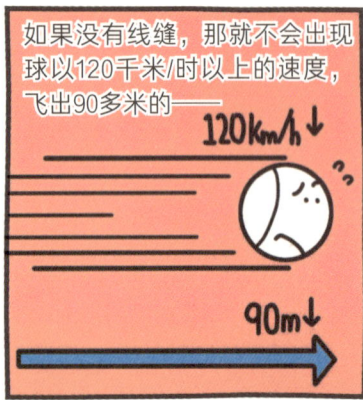

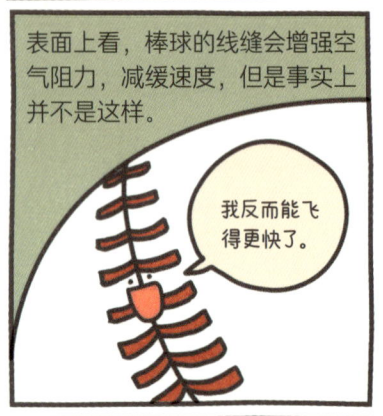

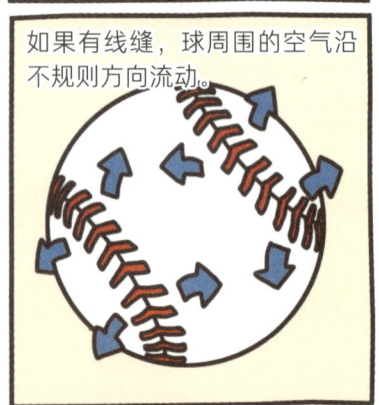

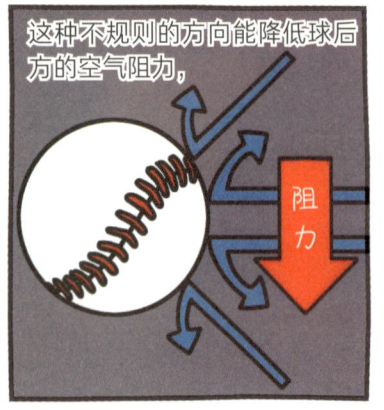

所以，利用旋转特性的球都会有特殊设计。	棒球是用线缠绕球心，然后用两片牛皮包紧，再用针线缝108次制作而成的。	这个突出的线缝，就是特殊设计。
如果没有线缝，那就不会出现球以120千米/时以上的速度，飞出90多米的—— 120km/h 90m	本垒打。 因为只有一条线缝，打不出本垒打。 啪嗒	表面上看，棒球的线缝会增强空气阻力，减缓速度，但是事实上并不是这样。 我反而能飞得更快了。
如果没有线缝的棒球被扔出，	空气经过球的周围，球后方会形成一个低压区域，这个低压区域会妨碍球的飞行。	如果有线缝，球周围的空气沿不规则方向流动。
这种不规则的方向能降低球后方的空气阻力， 阻力	于是能让球旋转着， 太快了，导致我也不知道我要飞到哪里去了。	飞得又快又远。 呃，头好晕啊。

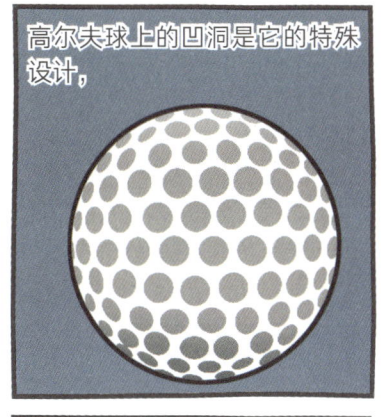

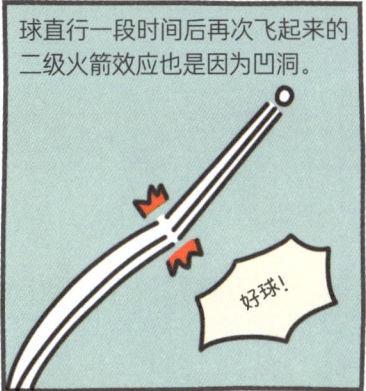

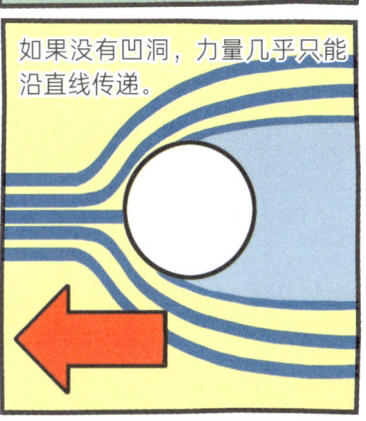

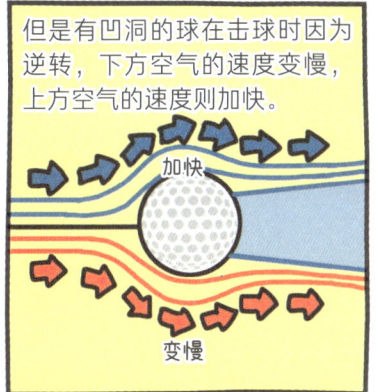

高尔夫球上的凹洞是它的特殊设计，	也是让高尔夫球成为在球类运动中飞得最远的球的奥秘。 "空有大块头的傻小子，你不可能赢过我的。"	高尔夫球员击球后，
球直行一段时间后再次飞起来的二级火箭效应也是因为凹洞。 好球！	高尔夫球上有少则250个、多则500个凹洞，所以球能轻松地旋转，减小空气阻力。 "原来有这么多的凹洞啊！"	如果没有凹洞，力量几乎只能沿直线传递。
但是有凹洞的球在击球时因为逆转，下方空气的速度变慢，上方空气的速度则加快。 加快　变慢	这时就形成了将球举起来的浮力。	所以球在空中能再次浮起来，飞得更远。 "再飞一次吧。"
所以高尔夫球制造商之间一直竞争不断， "我的球更好！"	只为生产出有更多凹洞的球！ "只有这样做才能放很多凹洞。"	现在，你知道高尔夫球上有凹洞的原因了吧？ "当然随便添加凹洞也是不行的！"

足球随着技术的发展也在不断进化，持续升级。 是怎么变化的呢？	我们印象中的足球是由20个正六边形和12个正五边形组成的， ×12 ×20	也就是1970年世界杯官方用球"电视之星"（Telstar）的样子。
人们一直致力于改良足球，减小球的空气阻力，进而提高球的速度。 空气阻力↓ 速度↑ 足球的发展方向就是这个。	2002年韩日世界杯中使用的"飞火流星"（Fevernova）也是在已有样式的基础上做的。	但是2006年德国世界杯中使用的"+团队之星"（+Teamgeist）却将嵌面减少到14个，提高了球的控制力和准确度。
2008年欧锦赛用球"欧洲通行证"（Europass）则在球上增加了细小的凸起， EURO 2008	以提高球和球鞋之间的摩擦力， 欧洲通行证	这也是为了能让足球跑得更远、更完美地旋转。 现在还能看到由五边形和六边形组成的球吗？
足球中最激动人心的不就是进球的场面嘛。 球进了！	所以为了能进更多的球，在足球的制作中添加了很多技术， 生产出这么多种球没问题吗？	例如足球形状被改变后可以迅速恢复原状的弹性技术等， 传递过来的力比以前更大了！

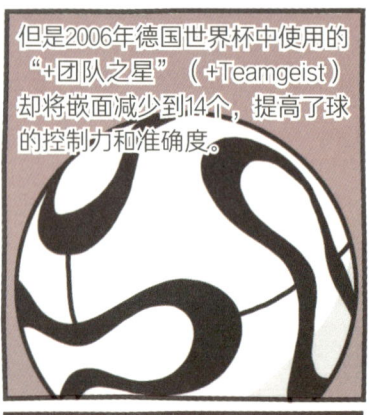

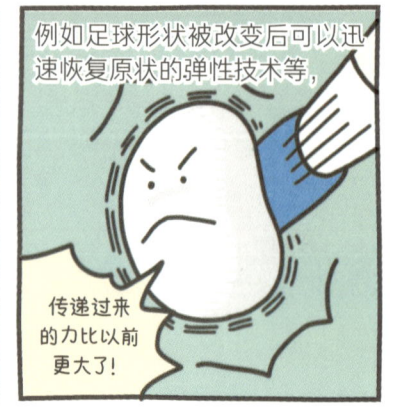

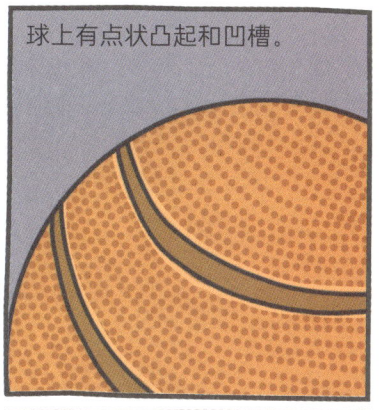

将各种技术在许可的范围内发挥到了极致。 我最终会变成什么样子呢?	现在的足球对于前锋来说变得更易于掌控, 似乎只要有脚就能进球一样!	但是对后卫和门将来说却更有压力。 球太快,力道太大,很难精准阻挡!
篮球是球类运动中最大的球。 我最大。	球上有点状凸起和凹槽。	虽然也是为了旋转而设计的,但目的并不是让球飞得更远。 因为赛场并不大,所以不需要篮球飞得远。
篮球是用手进行的球类运动,	需要用手运球、	传球,
还有投篮。	如果球没有点状凸起和凹槽会怎么样呢? 这样的球好像不行呢?	那么篮球将无法随心操纵,比赛也没法顺利进行。 球总是从手里滑出去。

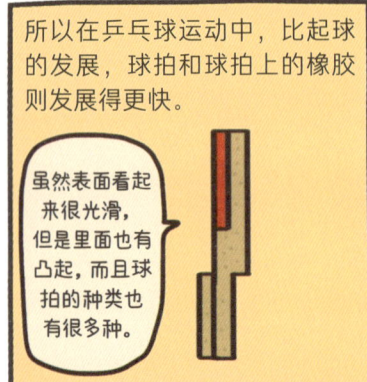

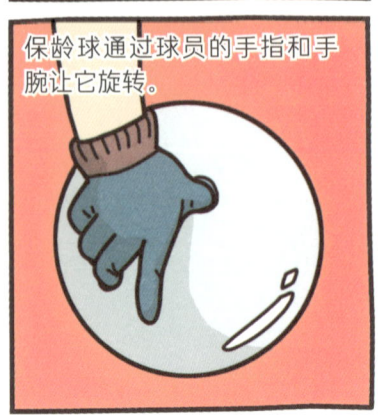

篮球上的点状凸起和凹槽能增加手和球之间的摩擦力，	起到防止打滑的作用。	因为篮球是球类运动中最大的球，所以操控起来不容易。
增强手和球之间的摩擦力能让球紧紧贴附在手上，	帮助运动员更轻松地操纵手里的球。 难为情 即便如此，还是得多练习。	乒乓球则是里面填满空气，表面光滑的球。 你好啊！我是乒乓球，我个子小小的，是不是很可爱？
看乒乓球比赛时，常常能看到乒乓球沿弯曲的轨迹旋转。	决定乒乓球是否旋转的并不是球本身，而是球拍上粘贴的橡胶。 你好，我是球拍。	所以在乒乓球运动中，比起球的发展，球拍和球拍上的橡胶则发展得更快。 虽然表面看起来很光滑，但是里面也有凸起，而且球拍的种类也有很多种。
保龄球和台球相似，	保龄球通过球员的手指和手腕让它旋转。	台球通过击打不同的点来决定旋转的方向。

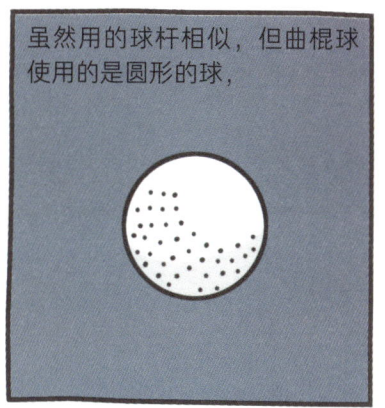

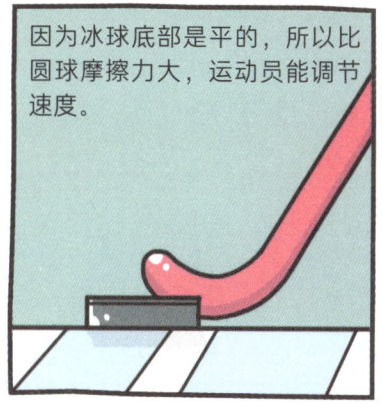

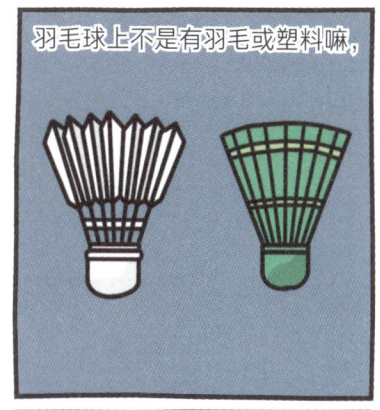

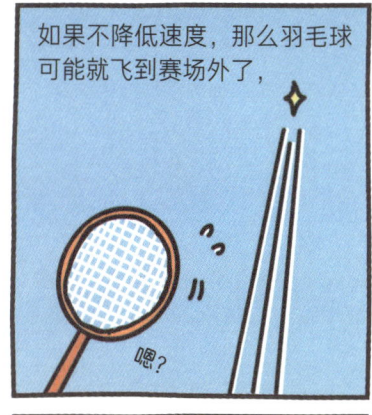

你知道吗？还有些球并不完全是圆形的。	虽然用的球杆相似，但曲棍球使用的是圆形的球，	而冰球用的是扁圆柱形的球。 不要开玩笑地说我像踩扁的罐头！
如果将曲棍球的球拿到冰球运动中使用，会发生什么事呢？ 这个球总是随意滚动，没法控制。	因为冰球底部是平的，所以比圆球摩擦力大，运动员能调节速度。	羽毛球上不是有羽毛或塑料嘛，
它们增加了球与空气的摩擦力，降低了球的速度。 空气们！挡一下我啊！	在羽毛球比赛中，羽毛球的瞬时速度可以达到330千米/时。	如果不降低速度，那么羽毛球可能就飞到赛场外了， 嗯？
也可能会打到人，造成严重伤害。 啊！	综上所述，运动的性质不同，球的形状和大小也不同。 还有很多没能说完呢！	以后再看到球，不妨猜一下球的特性，说不定你也能发现其中一些特别的趣味呢！ 其他球有什么特性呢？

问题 61
为什么有的电风扇没有扇叶?

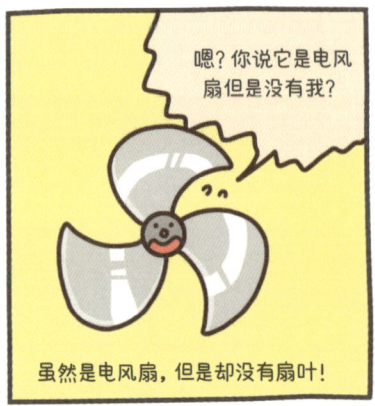

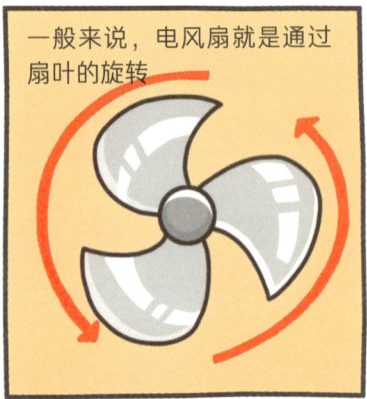

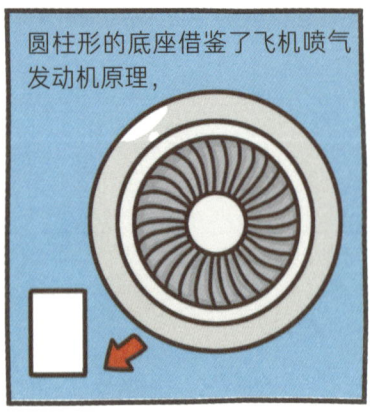

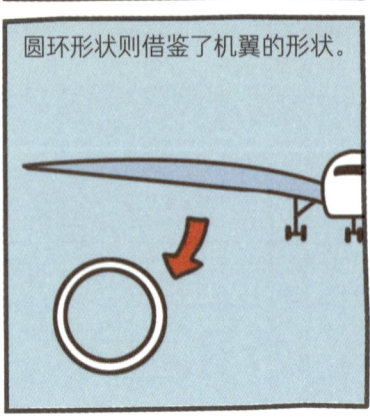

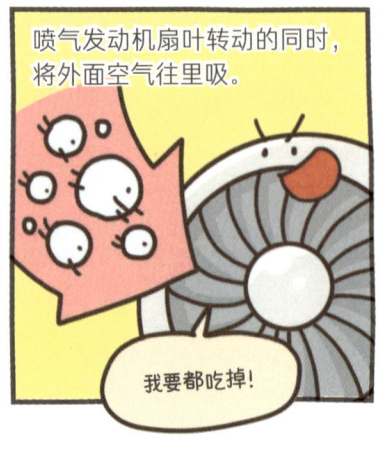

你见过长这样的电风扇吗?	嗯?你说它是电风扇但是没有我? 虽然是电风扇,但是却没有扇叶!	它从缝隙里吹出风来,是不是很神奇?
一般来说,电风扇就是通过扇叶的旋转	产生阵阵微风的。 哈!真凉快。	没有扇叶,那么风是从哪里来的呢? 就是说啊。
这个机器的名字叫气流倍增器,	能产生强风。 啊!我变强大了!	让气流变强的原理则借鉴了飞机。 什么?向我学习?
圆柱形的底座借鉴了飞机喷气发动机原理,	圆环形状则借鉴了机翼的形状。	喷气发动机扇叶转动的同时,将外面空气往里吸。 我要都吃掉!

162

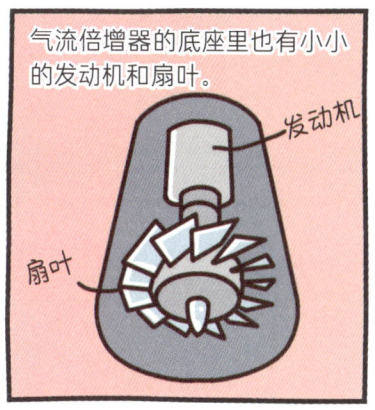

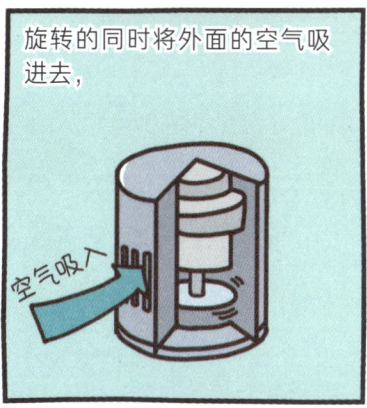

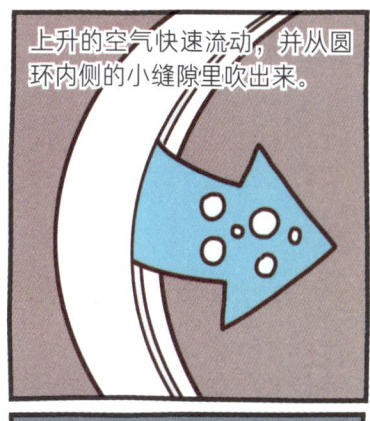

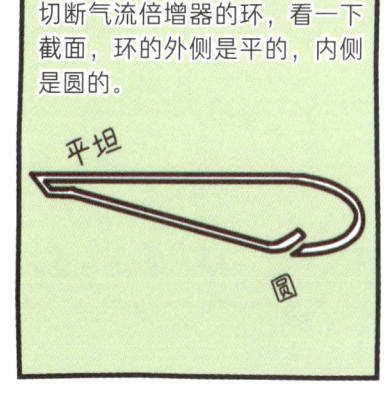

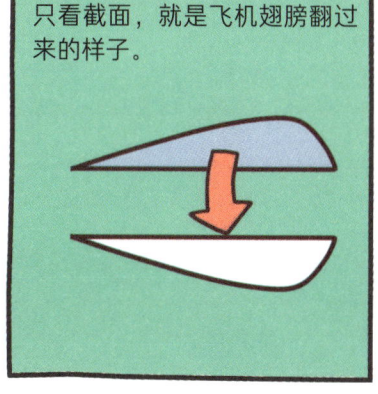

空气和燃料混合燃烧后会产生炙热的气体， 我非常非常烫！ 燃料	将这些气体往外喷出的同时推动飞机前进。	气流倍增器的底座里也有小小的发动机和扇叶。 发动机 扇叶
旋转的同时将外面的空气吸进去， 空气吸入	然后往圆环的上方爬升，	上升的空气快速流动，并从圆环内侧的小缝隙里吹出来。
因为是环状结构，所以能形成更强劲的气流。 怎么样？我的环状结构很神奇吧？	让风强劲数倍的秘密， 呃，这个虽然是秘密，我还是告诉你吧。	看一看里面形状像机翼的截面就能知道了。
切断气流倍增器的环，看一下截面，环的外侧是平的，内侧是圆的。 平坦 圆	只看截面，就是飞机翅膀翻过来的样子。	空气在圆的那侧流动更快， 速度 真的来得好快！

163

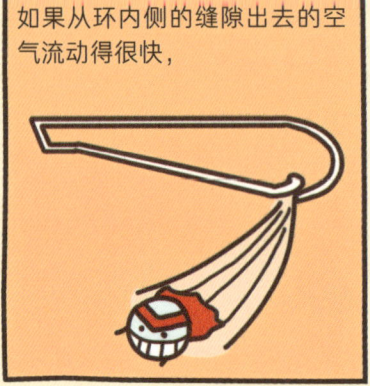

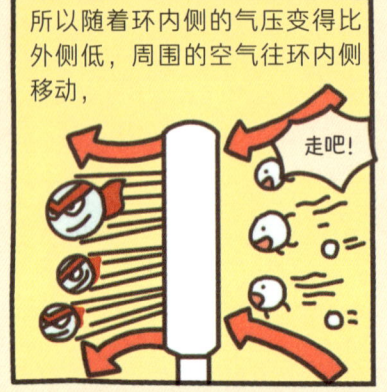

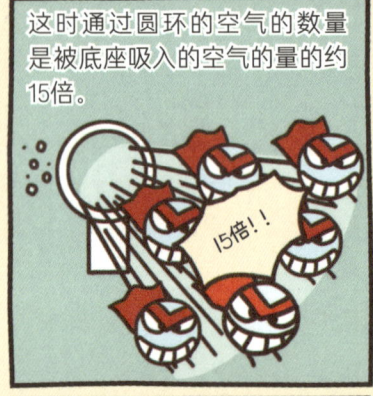

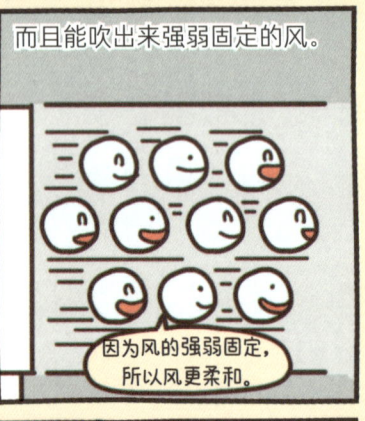

经过环内侧的空气比外侧的快，	如果从环内侧的缝隙出去的空气流动得很快，	环内侧的气压会变得比外侧低，
因为空气从气压高的地方向低的地方移动，	所以随着环内侧的气压变得比外侧低，周围的空气往环内侧移动，	这时通过圆环的空气的数量是被底座吸入的空气的量的约15倍。
所以即使没有扇叶，也能吹出来凉爽的风。	没有扇叶的风扇吹出来的风比一般风扇的更凉快。	而且能吹出来强弱固定的风。
这是优于普通风扇的特点之一。	而且还不需要将扇叶拆下来逐个清洁，	也不会有将手指放入旋转的扇叶中伤到手指的危险。真的是太棒了！

问题 62
螺丝为什么有螺旋状凹槽？

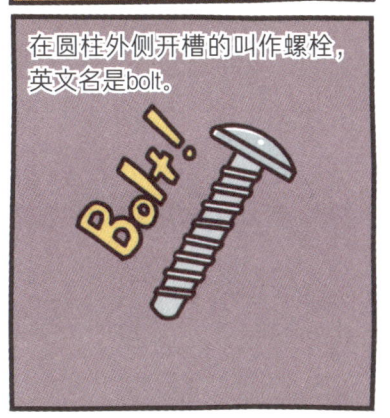

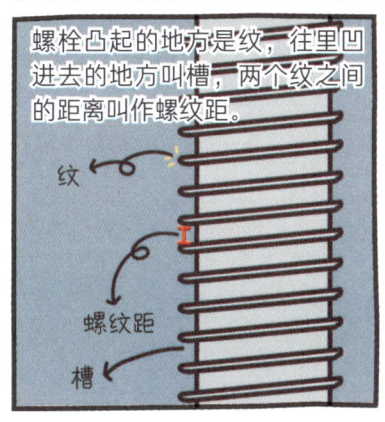

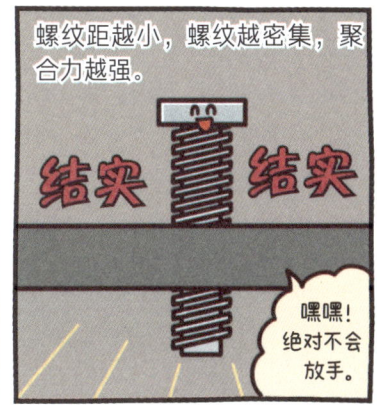

键盘和鼠标，

椅子和书桌，

电视和电视柜……

不止这些，许许多多的物品都是在螺丝的帮助下组合或支撑起来的。

如果有一天螺丝消失了会怎么样呢？

那无数的物品将会散落一地！

螺丝就是在圆柱体上凿一条沿同一方向不断旋转的槽。

就好像旋转楼梯一样！

在圆柱外侧开槽的叫作螺栓，英文名是bolt。

而在棱柱内侧开槽的叫作螺母，英文名是nut。

这种顶端尖尖，头部开槽的叫作螺丝钉，英文名是screw。

螺栓凸起的地方是纹，往里凹进去的地方叫槽，两个纹之间的距离叫作螺纹距。

纹

螺纹距

槽

螺纹距越小，螺纹越密集，聚合力越强。

结实 结实

嘿嘿！绝对不会放手。

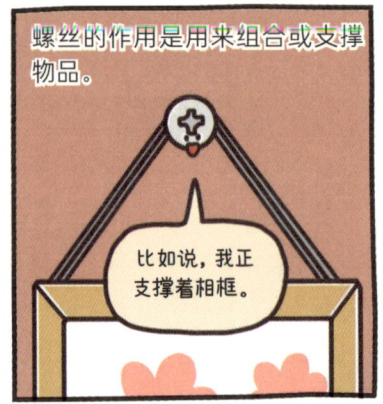

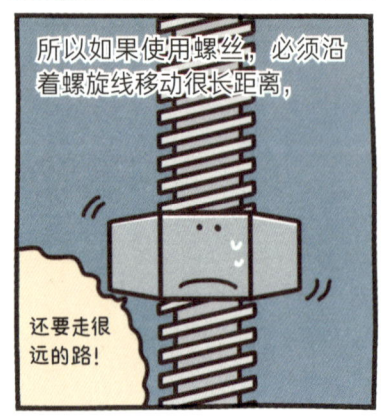

那么螺丝为什么要开槽呢？ 这么多的槽不可能是毫无理由的吧……	螺丝的作用是用来组合或支撑物品。 比如说，我正支撑着相框。	为了加强这种力量所以开的槽。 真的吗？是因为这个吗？
螺丝利用的是斜面的原理。当使用斜面时，能用较小的力量做成某件事。 虽然名字可能是第一次听说，但是大家应该都知道。	当我们爬山时，沿着缓坡走， 即使更费时间，但还是这条路舒服！	比爬陡坡更舒服。 虽然很累，但是很快就能到了。
将长得像斜坡的直角三角形缠在圆柱上试试， 这样缠着应该能看明白点什么了吧？	能看到三角形的斜面呈现螺旋状。 我变成螺旋状了！	像这样利用斜面虽然能节省力气，但是比直接上去移动的距离要更长。 力 距离
所以如果使用螺丝，必须沿着螺旋线移动很长距离， 还要走很远的路！	但是却能用较小的力将物体组合起来。 这些全都是通过我们的结合组装起来的。	等一下！你知道螺纹和槽的形状不同，螺丝的作用也不同吗？ 原来槽的形状并不都是一样的呀！

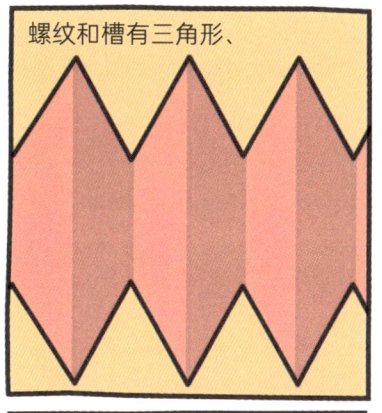

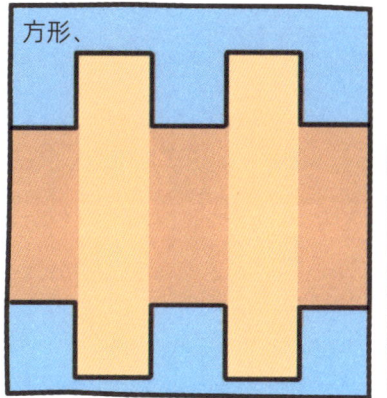

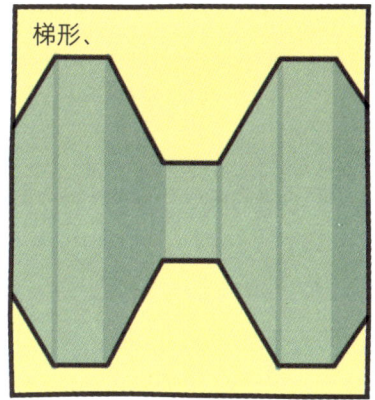

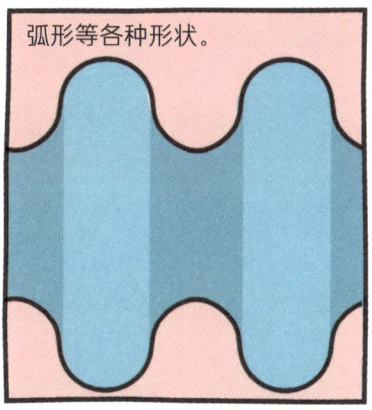

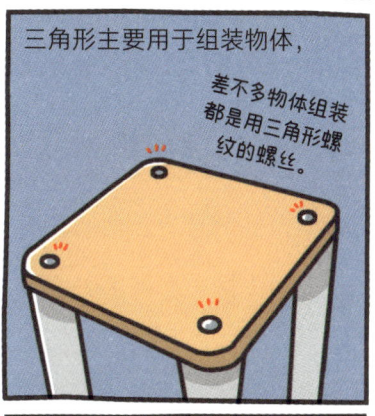

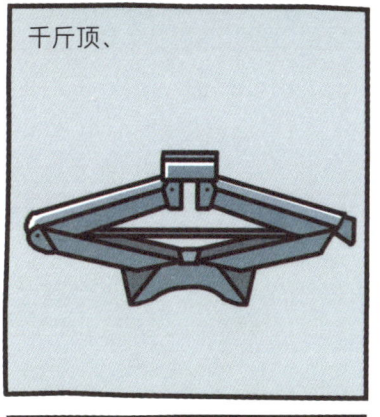

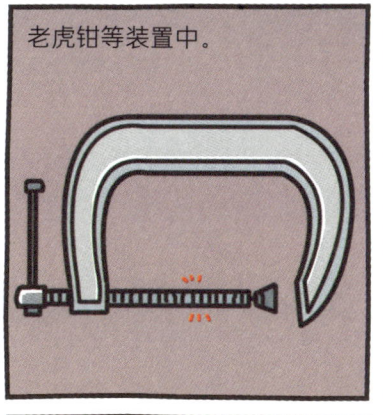

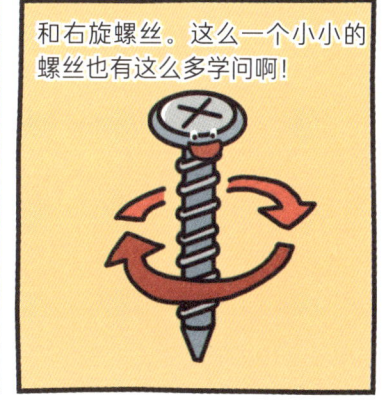

螺纹和槽有三角形、	方形、	梯形、
弧形等各种形状。	三角形主要用于组装物体，差不多物体组装都是用三角形螺纹的螺丝。	方形和梯形螺纹的螺丝用在传递大力气的压力机、
千斤顶、	老虎钳等装置中。	弧形螺纹的螺丝通常用于连接灯泡和灯头，
在容易进灰尘或沙子的地方也大多使用圆形螺纹的螺丝。	此外，螺丝根据拧进去的旋转方向，分为左旋螺丝	和右旋螺丝。这么一个小小的螺丝也有这么多学问啊！

问题 63
液体为什么掉落后呈皇冠状？

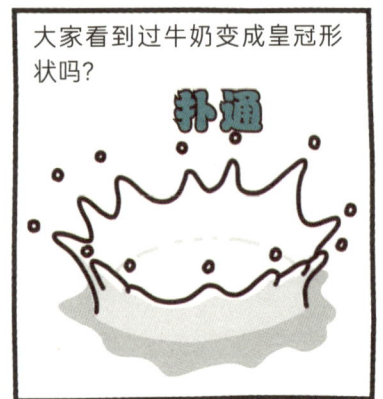

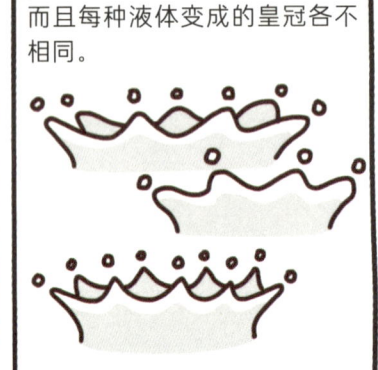

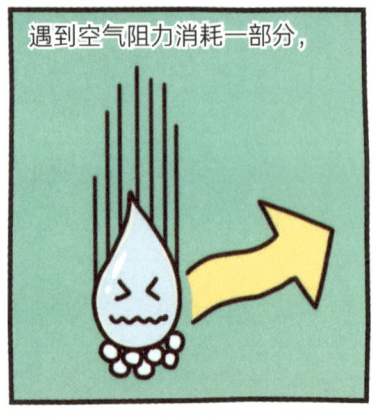

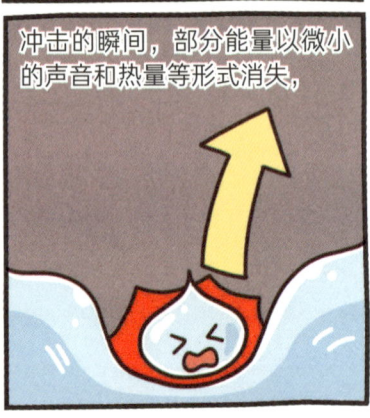

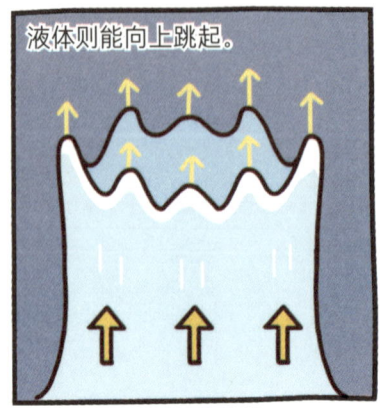

大家看到过牛奶变成皇冠形状吗？

扑通

尤其是在牛奶广告中。

你没看过我的广告吗？

但是只有牛奶能变成这种皇冠状吗？

可能……也许吧？

不是的，只要是液体，大多都能变成皇冠状。

也许什么也许！你以为自己是国王吗？

而且每种液体变成的皇冠各不相同。

雨滴落下来的动能，

咻咻咻

哎呀！掉下去了！

遇到空气阻力消耗一部分，

剩下的一点用在了冲击中。

扑通

冲击的瞬间，部分能量以微小的声音和热量等形式消失，

如果剩下的能量很大，能战胜周围液体分子之间相互拉扯的力，

似乎还能往上升！

液体则能向上跳起。

这时如果上升的惯性和向下拉扯的重力之间的平衡被打破，

我要继续上升！

惯性　重力　惯性

我错了！

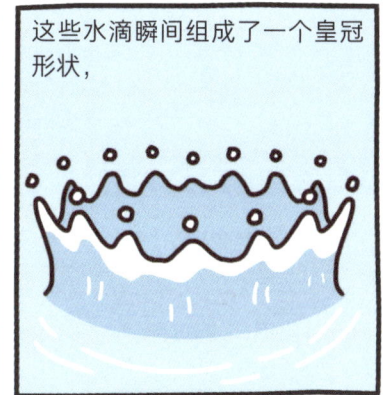

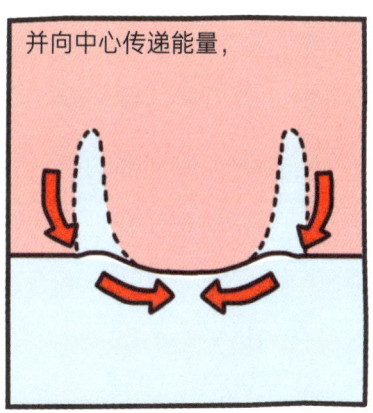

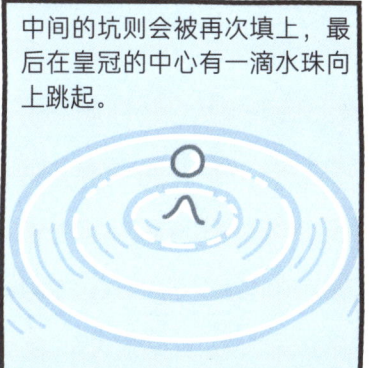

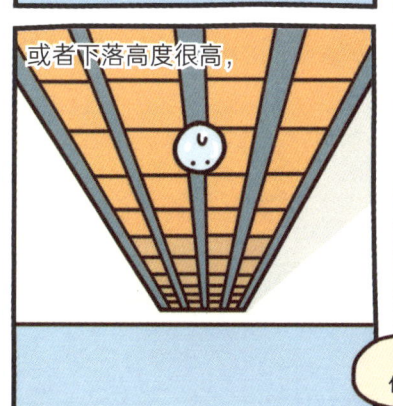

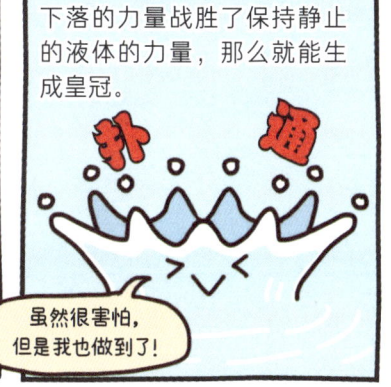

在表面张力的作用下，则会形成小的液滴。 分离了！	这些水滴瞬间组成了一个皇冠形状，	并向中心传递能量，
中间的坑则会被再次填上，最后在皇冠的中心有一滴水珠向上跳起。	当然并不是所有的液体都能做出皇冠形状来。 嗯？是这样吗？	皇冠的形成是由液滴的大小、 我这么小，能弄出皇冠形状吗？
下落的高度、 很高吧？不知道能不能跳出皇冠形状？	黏稠度等， 水很清澈，放心吧！快跳下来吧！	来决定的。 哇！成功了！
如果水滴很大， 我可是非常大的！	或者下落高度很高，	下落的力量战胜了保持静止的液体的力量，那么就能生成皇冠。 扑通 虽然很害怕，但是我也做到了！

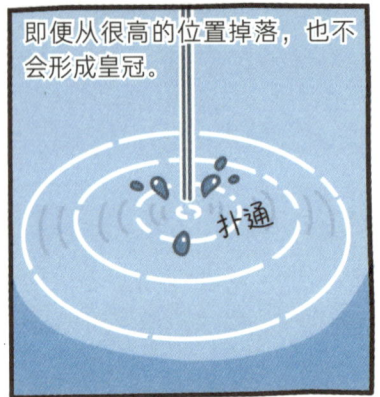

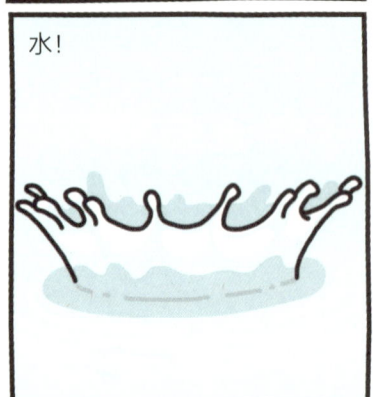

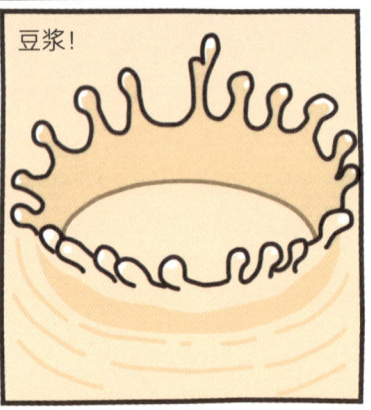

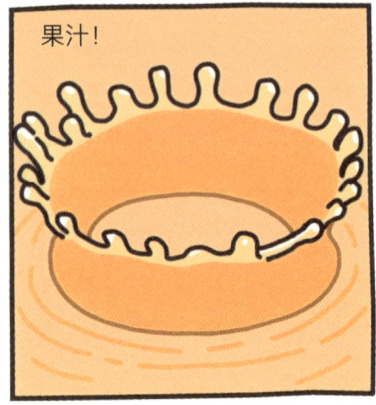

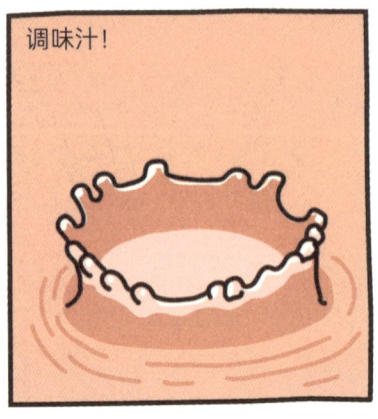

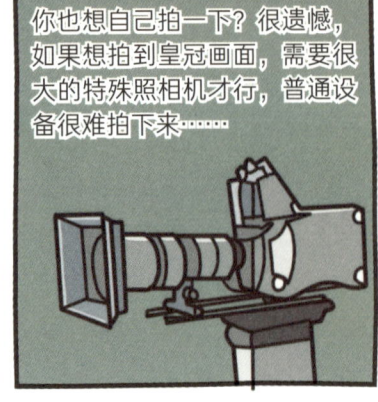

相反，如果下落高度比较低， "这个绝对不行！不试我也知道！"	或者液体的黏性很强，那就不会生成皇冠。 "从那儿试着往我这里跳一次吧！"	像黏性很强的蜂蜜 "我可能不行。"
和番茄酱等， "还有我。"（番茄酱）	即便从很高的位置掉落，也不会形成皇冠。 扑通	都说了这么多，如果不看看各种液体做出的皇冠，是不是太遗憾了呢？ "当然啦！"
水！	豆浆！	果汁！
油！	调味汁！	你也想自己拍一下？很遗憾，如果想拍到皇冠画面，需要很大的特殊照相机才行，普通设备很难拍下来……

问题 64
运动鞋为什么有这么多种样子?

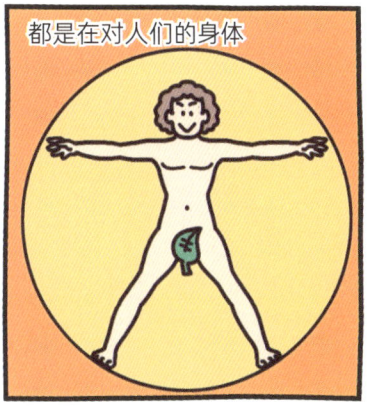

运动时穿的鞋叫运动鞋。

运动不同,匹配的鞋也不一样。

足球鞋、

举重鞋、

拳击鞋等,

都是在对人们的身体

和各种运动深入研究后设计出来的,

可以说是成功路上的一小步。

一定要 取得胜利!

比起一般的鞋,运动鞋能大幅提升运动能力。

身手怎么这么好?

当然,新手穿了运动鞋也不能突然变成非常厉害的高手。

完全是大材小用。

运动鞋只是为了在和实力相当的人较量

或比赛时,

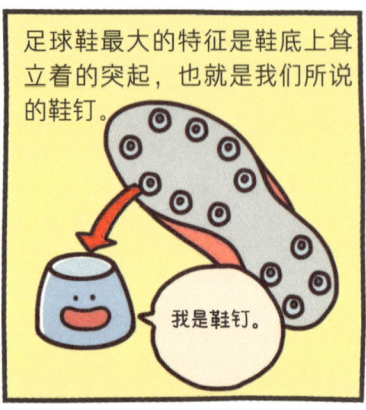

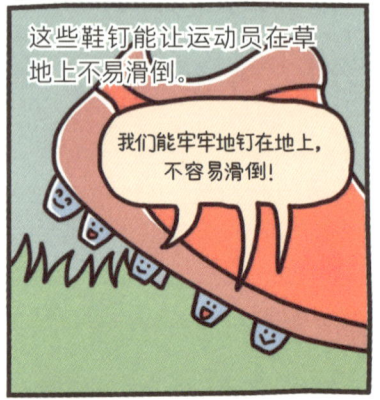

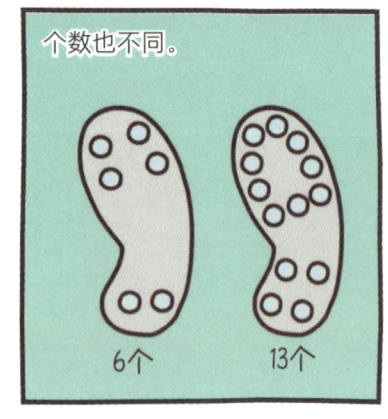

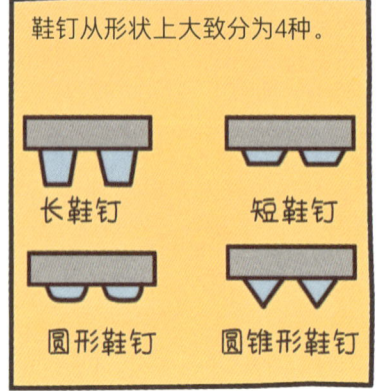

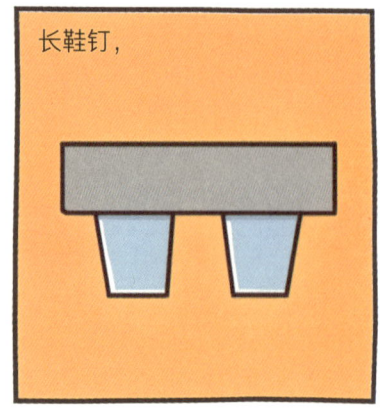

能稍微领先一点。	运动鞋还能减轻身体的负担。 所以说要穿运动鞋啊! 负担	现在，我们穿足球鞋试试？
足球鞋最大的特征是鞋底上耸立着的突起，也就是我们所说的鞋钉。 我是鞋钉。	这些鞋钉能让运动员在草地上不易滑倒。 我们能牢牢地钉在地上，不容易滑倒!	为了能让球员灵活移动，
鞋钉能适当调节草地和足球鞋之间的摩擦力。 就好像站在光滑的地板上!	鞋钉也并不都是一样的，鞋钉的长度不同，	形状也不一样，
个数也不同。 6个　　13个	鞋钉从形状上大致分为4种。 长鞋钉　短鞋钉 圆形鞋钉　圆锥形鞋钉	长鞋钉，

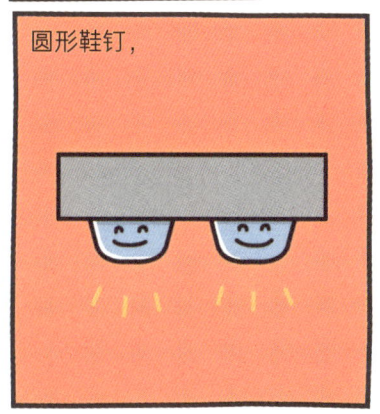

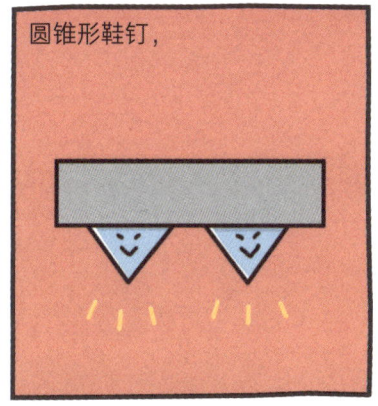

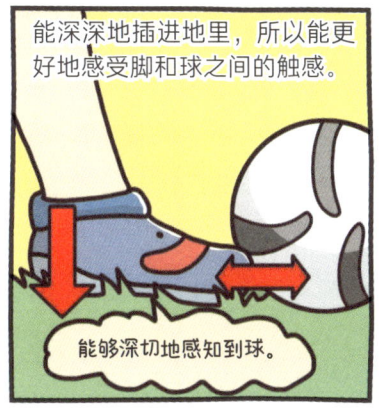

有利于爆发性的速度。 为什么会这么快！	克里斯蒂亚诺·罗纳尔多这样的速度型选手穿的就是长鞋钉的足球鞋。	短鞋钉，
能减小与地面的摩擦力，适合敏捷活动。 怎么那么灵活？	擅于灵活运球的选手更喜欢这种短鞋钉的足球鞋。	圆形鞋钉，
在转换方向上更自由随心。	像韩国奇诚庸这样给予队友辅助的选手就比较适合使用圆形鞋钉的足球鞋。	圆锥形鞋钉，
能深深地插进地里，所以能更好地感受脚和球之间的触感。 能够深切地感知到球。	展示华丽个人技巧的选手们比较喜欢圆锥形鞋钉的足球鞋。	鞋钉的个数也很重要。 个数？真的吗？

如果鞋钉个数少，就无法分散身体的重量， 让我们几个承担这么重的重量，太重了，好累！	所以足球鞋会深深地扎进草地里，	不那么容易滑倒，同时在转向上也更方便。 这下你很难跟着我了吧，都摔倒了！
相反，如果鞋钉个数太多，身体的重量很容易被分散， 因为鞋钉很多，所以这点体重也不算什么！	足球鞋不能深深地扎进草地，所以就有可能像刚才那样摔倒。	但取而代之的是，速度会非常快。 刚刚只是摔倒了而已，看看我的速度！
所以一般后卫穿有6个鞋钉的足球鞋， 比起速度，后卫更需要位置准确和身形便利！	前锋穿有13个鞋钉的足球鞋。 我是前锋！速度对我来说是最重要的！	此外，在下雨或下雪时，
在人造草地或天然草地上，	使用的鞋钉也不同。 一双足球鞋居然这么复杂……	真是神奇啊。 现在知道我不是普通的鞋了吧？

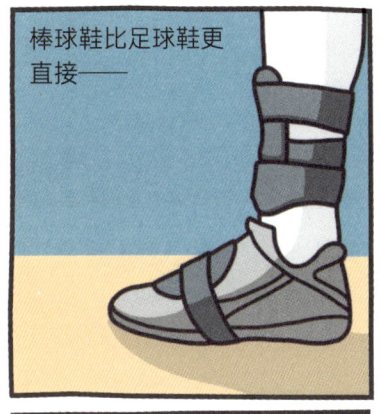

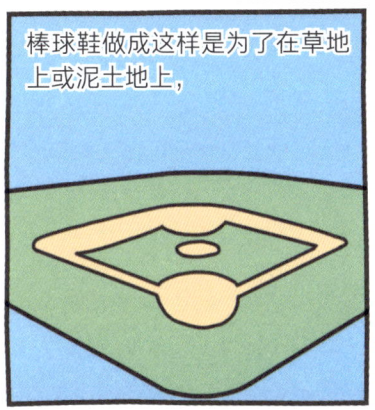

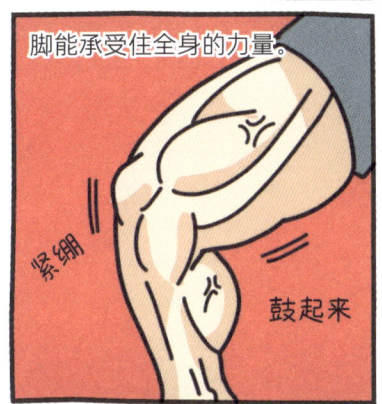

棒球鞋比足球鞋更直接——	棒球鞋的鞋底上钉着钉子。	是不是很可怕？如果无意间被踩到的话…… 啊啊啊啊！
棒球鞋做成这样是为了在草地上或泥土地上，	脚能承受住全身的力量。 紧绷 鼓起来	投球手想要投出更强劲的球， 嘿呀
击球手想要打出更强有力的球， 铛	脚就得像在地下扎了根一样，	稳稳地支撑住身体才能做到。 就像能经受住强风的树根一样！
而且，击球手要在击球后跑出，	游击手为了接住球要灵活变换方向，	这些都需要身体支撑。 哦，太帅了！ 没什么啦。

175

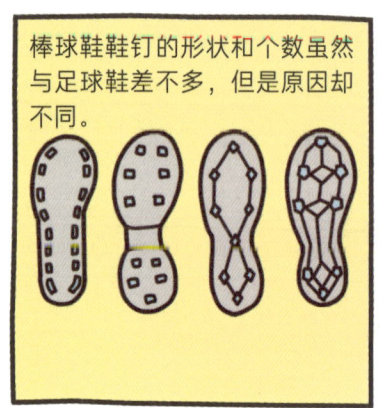

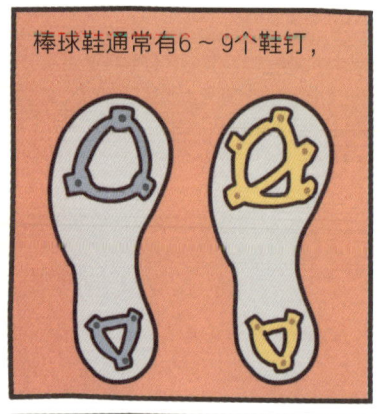

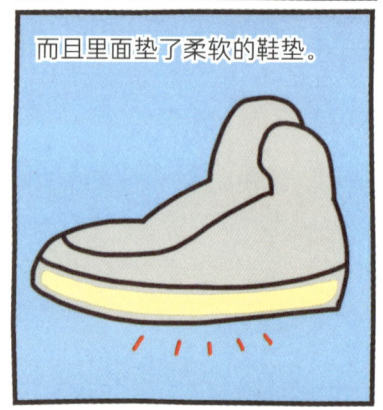

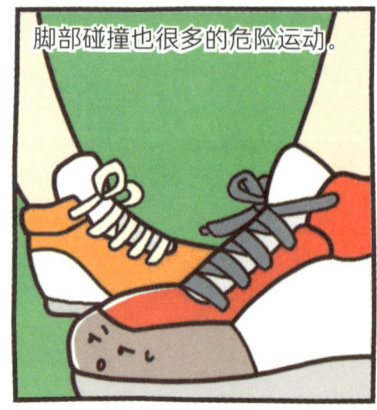

棒球鞋鞋钉的形状和个数虽然与足球鞋差不多，但是原因却不同。	棒球鞋通常有6~9个鞋钉，	而且在鞋面上添加了保护带。 我就是保护带！
因为棒球的特性，如果选手习惯用右手，那么右脚鞋面容易裂开，	而如果选手习惯用左手，则左脚鞋面容易裂开。	而且像下面这样，后脚常在地面上拖拉，所以要配备保护带。
篮球鞋的样子则和足球鞋、棒球鞋完全不同，	它的特征是鞋帮包到脚腕，	而且里面垫了柔软的鞋垫。
虽然篮球是用手操控的运动，但实际上也需要腿部动作很灵活， 哒哒哒哒	是一种跳跃动作多、 咚	脚部碰撞也很多的危险运动。

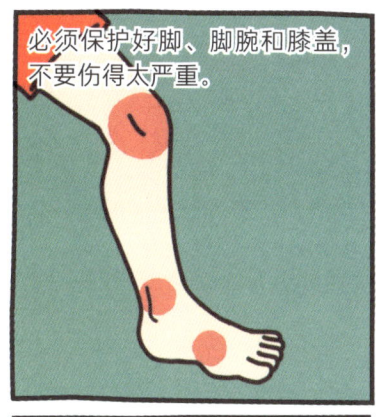

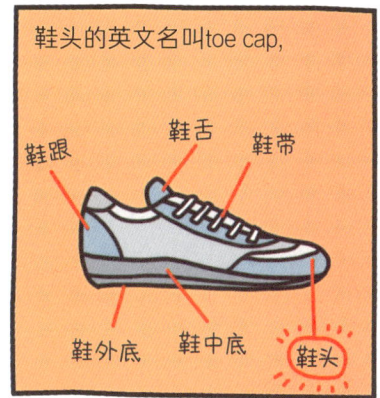

必须保护好脚、脚腕和膝盖，不要伤得太严重。	所以篮球鞋一直包到脚腕， 因为脚腕很重要。	并在鞋里放了鞋垫。 也能减轻对膝盖的冲击。
此外，篮球鞋鞋头高也是一大特征。 我很高！	鞋头的英文名叫toe cap， 鞋跟　鞋舌　鞋带 鞋外底　鞋中底　鞋头	直译过来就是"脚指头的帽子"的意思。
当被贴身防守的对方，	或者挤进来攻击的对方	踩到脚时，篮球鞋的高鞋头可以起到保护作用。 啊！
除此之外还有很多运动鞋，本来想一一告诉大家的， 将我们漏下了，太过分了！	但时间有限，有机会再给大家讲。 和球一样，鞋的种类原来也很多啊！	要记住，穿运动鞋能提高运动能力，而且会更安全！ 但是，不能以没有运动鞋为借口不运动哦！

MEMO

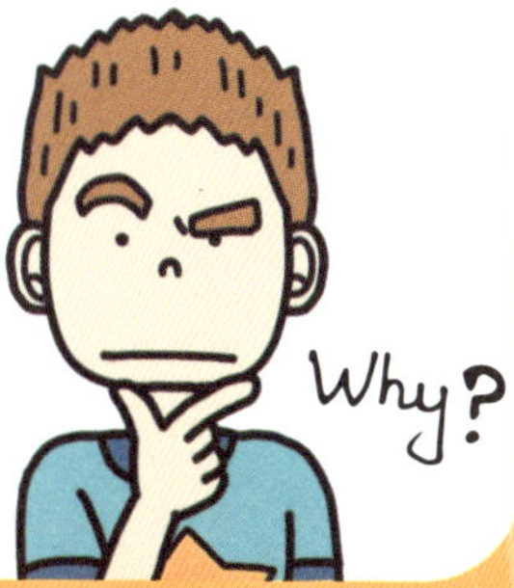
Why?

왜 이런 모양일까? (1)
Copyright © 2021 by Old Stairs Editorial team
All rights reserved.
Simplified Chinese copyright © 2024 by PUBLISHING HOUSE OF ELECTRONICS INDUSTRY
This Simplified Chinese edition was published by arrangement with Old Stairs through Agency Liang

本书中文简体版专有出版权由Old Stairs通过Agency Liang授予电子工业出版社，未经许可，不得以任何方式复制或抄袭本书的任何部分。

版权贸易合同登记号　图字：01-2023-2279

图书在版编目（CIP）数据

降落伞上为什么有洞？：藏在外表下的科学. ① / 韩国Old Stairs编辑部著；胡梅丽等译. --北京：电子工业出版社，2024.1
ISBN 978-7-121-46774-5

Ⅰ.①降… Ⅱ.①韩… ②胡… Ⅲ.①科学知识—少儿读物 Ⅳ.①Z228.1

中国国家版本馆CIP数据核字（2023）第239411号

参与本书翻译的还有马巍。

责任编辑：张莉莉
印　　刷：河北迅捷佳彩印刷有限公司
装　　订：河北迅捷佳彩印刷有限公司
出版发行：电子工业出版社
　　　　　北京市海淀区万寿路173信箱　邮编：100036
开　　本：889×1194　1/16　印张：22.75　字数：590.4千字
版　　次：2024年1月第1版
印　　次：2024年5月第2次印刷
定　　价：150.00元（全2册）

凡所购买电子工业出版社图书有缺损问题，请向购买书店调换。若书店售缺，请与本社发行部联系，联系及邮购电话：（010）88254888，88258888。
质量投诉请发邮件至zlts@phei.com.cn，盗版侵权举报请发邮件至dbqq@phei.com.cn。
本书咨询联系方式：（010）88254161转1835。